# DE LA NÉCESSITÉ

## DE CRÉER

# DES BIBLIOTHÈQUES

## SCIENTIFIQUES - INDUSTRIELLES

DE L'IMPRIMERIE DE CRAPELET

RUE DE VAUGIRARD, 9

# DE LA NÉCESSITÉ

## DE CRÉER

# DES BIBLIOTHÈQUES

## SCIENTIFIQUES-INDUSTRIELLES

### OU AU MOINS

### D'AJOUTER AUX BIBLIOTHÈQUES PUBLIQUES

#### UNE DIVISION DES SCIENCES

## APPLIQUÉE AUX ARTS ET A L'INDUSTRIE

> « Espérons donc que notre Bibliothèque publique, qui s'est récemment enrichie d'un grand nombre de livres concernant la littérature et plusieurs branches des sciences, le sera bientôt de ces traités, de ces recueils sur les arts, si éminemment indispensables aujourd'hui. »
> ( M. PONCELET, 5 novembre 1827.)

> « Sous ce rapport, c'est un devoir pour nous de signaler à l'attention du gouvernement la pénurie déplorable de nos bibliothèques publiques, de réclamer en faveur des ouvrages et des collections scientifiques une part spéciale dans la répartition des crédits affectés à ces établissements. »
> (M. MORIN, 28 novembre 1847.)

## PARIS

LIBRAIRIE SCIENTIFIQUE-INDUSTRIELLE

DE L. MATHIAS (AUGUSTIN)

QUAI MALAQUAIS, 15

—

DÉCEMBRE 1847

# ANALYSE DES MATIÈRES.

Pages.

## OPINIONS DIVERSES.

L'idée de créer des *bibliothèques scientifiques-industrielles* n'est pas nouvelle; il y a
vingt ans que M. Poncelet, l'illustre fondateur
de la science mécanique appliquée, aujour-
d'hui membre de l'Institut (Académie des sciences) et professeur de mécanique physique expérimentale à la Faculté des sciences, disait, entre
autres, dans un discours remarquable, prononcé le 5 novembre 1827, à l'ouverture du
Cours de mécanique créé par lui, à Metz :

« Déjà je vous entends m'objecter que ces
« traités, ces recueils sont nombreux, hors de
« la portée de vos fortunes, et qu'il est difficile
« de se les procurer dans notre ville. Mais ne
« devons-nous pas compter sur la sollicitude
« d'un maire et d'un conseil municipal aux-
« quels nous sommes redevables de tant d'amé-
« liorations qui commandent la reconnaissance

« de nos concitoyens, l'estime et l'admiration
« des étrangers ; d'un maire et d'un conseil
« municipal qui ont déjà tant fait pour votre
« instruction, pour votre bien-être? Croyez,
« messieurs, qu'il suffira de leur avoir signalé
« vos nouveaux besoins, pour qu'ils s'empres-
« sent d'aviser au moyen de vous faire jouir
« d'un nouveau bienfait. *Espérons donc que*
« *notre bibliothèque publique, qui s'est ré-*
« *cemment enrichie d'un grand nombre de*
« *livres concernant la littérature et plusieurs*
« *branches des sciences, le sera bientôt de ces*
« *traités, de ces recueils sur les arts, si émi-*
« *nemment indispensables aujourd'hui,* à la
« population industrieuse d'une grande ville
« telle que Metz, de ces traités, de ces recueils
« que nos artistes, nos ouvriers de divers gen-
« res, nos fabricants, nos entrepreneurs, nos
« architectes, nos ingénieurs, tous ceux enfin
« qui ne doivent point demeurer étrangers aux
« progrès des arts et de l'industrie, voient avec
« tant de regret n'y pas figurer encore. »

Il faudrait reproduire le discours tout entier
pour faire connaître les vues profondes du
savant professeur. N'est-il pas extraordinaire
que des idées philanthropiques et de la plus

haute portée intellectuelle, de la plus grande importance pour la société et pour l'individu, quoique souvent manifestées depuis si long-temps dans des milliers d'écrits sous toutes les formes, et par une multitude d'auteurs dans toutes les parties des sciences, ne soient pas encore arrivées aujourd'hui à l'état pratique?

Le vide regrettable que M. Poncelet signalait avec tant de force dans la bibliothèque de Metz, nous n'avons pas seulement à le déplorer encore dans les bibliothèques des villes de deuxième ordre, il existe même dans les bibliothèques des villes les plus importantes.

Dans *le Moniteur universel,* dans les journaux de toutes les nuances politiques, dans presque toutes les publications sur les moyens de développer la richesse et le bien-être du pays, on a demandé des *bibliothèques scientifiques-industrielles*, on a démontré qu'il importe de faire sans retard, pour le progrès des sciences appliquées, ce que l'on a fait pour les belles-lettres.

Les sociétés et les assemblées dont l'autorité est la plus grande, ont elles-mêmes reconnu la nécessité de cette institution.

La Société d'émulation de Rouen, la Société

industrielle de Mulhouse, et surtout la Société
d'encouragement pour l'industrie nationale,
par sa généreuse initiative et par la distribution
annuelle des livres qu'elle accorde chaque année aux ouvriers et contre-maîtres qui ont fait
preuve d'aptitude, ont toujours placé parmi les
moyens les plus puissants de détruire la routine, de faire pénétrer le progrès partout, de
mettre tout le monde à même de profiter des
inventions et des découvertes, la propagation
des livres technologiques, la formation de bibliothèques où chaque agriculteur et chaque
industriel pût enfin trouver les résultats déjà
obtenus dans chaque division des arts.

A l'Académie des sciences, plusieurs savants,
surtout M. Arago, ont souvent attribué la len-
teur des progrès dans les arts, l'impuissance
industrielle de certaines contrées et de certains
pays, l'impossibilité d'y apprendre ce que l'on
fait ailleurs, au manque de livres spéciaux.

Les mêmes pensées ont été exprimées à la
tribune des deux Chambres, les mêmes vœux
y ont été émis à plusieurs reprises, notamment
dans la discussion sur les encouragements aux
lettres et aux sciences. On y a reconnu que s'il
nous fallait des littérateurs et des poëtes, il

nous fallait aussi des ingénieurs capables, des manufacturiers habiles et des agriculteurs instruits ; que si les uns sont la gloire des pays, les autres en sont la richesse et la puissance.

On ne peut nier que cette question ne se rattache bien favorablement à toutes les grandes idées de réforme sociale, morale et matérielle qui agitent depuis si longtemps toutes les classes d'une société éprouvée par les glorieuses révolutions de 1789 et 1830, société qui cherche l'ordre et le bien-être individuel dans le travail.

Cette question se reproduit encore dans les discussions en faveur de *l'alliance de la théorie et de la pratique,* de *l'alliance des sciences et des arts,* du *travail intellectuel et du travail industriel,* toutes idées qui concourent au même but, l'amélioration morale et matérielle de toutes les classes de la société, dont les sciences sont les plus puissants instruments.

La lacune et l'importance, la nécessité et les services des *bibliothèques scientifiques-industrielles* sont tellement grands et évidents, qu'à la réouverture des Cours du Conservatoire des arts et métiers, le savant professeur de mécanique au Conservatoire royal des arts et métiers, M. Morin, membre de l'Institut (Académie des sciences), a cru devoir s'exprimer ainsi sur ce point devant LL. AA. RR. le duc de Nemours, le duc de Montpensier et M. le ministre de l'agriculture et du commerce :

*Sous ce rapport, c'est un devoir pour nous de signaler à l'attention du gouvernement la pénurie déplorable de la plupart de nos bibliothèques publiques, de réclamer en faveur des ouvrages et des collections scientifiques* UNE PART SPÉCIALE DANS LA RÉPARTITION DES CRÉDITS AFFECTÉS A CES ÉTABLISSEMENTS.

En face de déclarations aussi précises, aussi unanimes et aussi solennelles, nous avons pensé que le règne des bibliothèques scientifiques-industrielles était arrivé. Et, comme depuis plusieurs années, nous nous sommes en quelque sorte associé, par des publications nombreuses et importantes sur toutes les branches de la technologie, aux efforts des auteurs dont les livres ont ouvert de nouvelles voies à l'industrie, nous croyons devoir aujourd'hui, pour accélérer de toutes nos forces le mouvement imprimé, faciliter la réalisation d'une idée aussi féconde, une amélioration que l'on peut dire *universellement souhaitée*.

Il n'y a pour nous d'autre mérite personnel, dans l'œuvre qui appartient à tout le monde, dont la grandeur égale la simplicité, que d'y avoir occupé les plus belles années d'une existence bien remplie ; auditeur actif, nous avons suivi et enregistré tous les progrès ; mais c'est un devoir de déclarer que nous ne sommes en cette circonstance que l'écho de toutes les notabilités scientifiques, que la fourmi dont le travail incessant a amoncelé des matériaux utiles ; seulement, nous revendiquons l'honneur de nous être associé avec le plus complet dévouement au progrès industriel qui fait la gloire de notre époque.

# EXPOSÉ.

Nos sociétés modernes sont aujourd'hui composées de citoyens qui, dans toutes les situations, *industriels, agriculteurs, commerçants*, s'adonnent à la création de la richesse, *sont tous producteurs* dans des voies diverses.

Ces intérêts des différentes classes de la société sont les plus importants de tous, et c'est le fait d'un gouvernement éclairé de répandre parmi elles tous les renseignements, toutes les notions scientifiques qui peuvent devenir des sources de progrès et de bien-être.

Une des plus utiles institutions qui puisse servir à la diffusion des connaissances de tout genre est, sans contredit, la *création des bibliothèques publiques*. Guider le jeune homme qui débute dans la carrière, mettre à la portée du pauvre comme du riche *l'immense trésor de science et de lumière* qu'ont accumulé les siècles passés, est une de ces idées fécondes entrées aujourd'hui dans nos mœurs, un de ces avantages de notre civilisation auquel on ne prend plus garde, tant on est habitué à en jouir. Chaque ville a, aujourd'hui, sa bibliothèque souvent d'une importance plus grande que la localité, et qui est toujours une des richesses municipales dont elle est fière à plus juste titre.

Disons-le pourtant, une lacune considérable se rencontre dans la plus grande partie de ces établissements; destinés à une société industrielle, qu'y trouve-t-on? de précieuses archives pour l'histoire de la contrée, les monuments de notre ancienne littérature, une multitude de livres latins, vieux débris de nos antiques abbayes ; mais pour ce qui est relatif aux intérêts de la société actuelle, rien! Ne serait-il pas temps de combler une si déplorable lacune?

Dans une société industrielle comme la nôtre, le fabricant ne devrait-il pas trouver dans une bibliothèque publique les livres où sont décrits les procédés de fabrication qu'il emploie, et le professeur de sciences appliquées, le moyen d'étudier toutes les découvertes nouvelles dont les publications faites récemment présentent le résumé comme moyen d'atteindre aux progrès nouveaux?

Depuis l'agent voyer, qui doit avoir à côté de lui quelques bons ouvrages, jusqu'au préfet et au conseiller d'État, qui ne peut ignorer les principes scientifiques sur lesquels reposent toutes les améliora-

tions matérielles que les conseils municipaux et ceux
de département votent chaque année, il y a pour
toute la hiérarchie gouvernementale un ensemble
de bons ouvrages à réunir. Les mairies, les préfec-
tures ont été longtemps privées des documents scientifiques qui sont nécessaires à la rédaction ou à la
vérification des projets de travaux publics. Il y a un
bénéfice immense dans l'emploi du temps, souvent
une véritable économie dans les dépenses, quand,
avant de donner un avis, on trouve sous la main un
renseignement qui ne laisse aucun doute sur le parti
qu'on doit prendre, sur le jugement qu'on doit
porter.

Considéré sous un autre point de vue, celui de
l'organisation du travail, de la distribution intelli-
gente de toutes les forces humaines, n'est-il pas
temps de songer à ouvrir de nouvelles carrières à
cet innombrable essaim d'intelligences qui, chaque
année, vient demander à la société une occupation
que ne peuvent plus fournir les professions libérales, dont toutes les avenues sont envahies par un
nombre toujours croissant de postulants? et quel
vaste champ les sciences n'ouvriront-elles pas à
l'infatigable activité de la jeunesse, lorsqu'on l'aura
de bonne heure initiée à des travaux qui naguère
étaient dédaignés parce qu'ils étaient inconnus,
tandis qu'aujourd'hui les plus hautes capacités in-
tellectuelles, en déchirant le voile de l'ignorance

2

et de la stupide paresse, ont honoré le travail, tout en lui donnant l'attrait irrésistible du gain personnel que chacun peut en tirer !

C'est dans les livres modernes que la science a été mise à la portée de toutes les intelligences, que les progrès industriels ont été soigneusement enregistrés, que tous les efforts de l'humanité sur la matière présentent à l'esprit mille moyens de tirer parti de l'activité individuelle. Il est donc de la plus haute convenance de mettre ces ouvrages à la portée du plus grand nombre.

En vain irait-on demander aux bibliothèques des villes qui comptent vingt, trente, quarante, cent mille volumes, un traité relatif à l'art de l'ingénieur, à l'enseignement professionnel des procédés de fabrication dont les progrès doivent nécessairement être suivis pas à pas; on a dans ces établissements quelques ouvrages de haute portée qui servent d'introduction aux études techniques, d'anciennes éditions des ouvrages utiles aux architectes, de la jurisprudence et de la théologie autant qu'on en peut désirer. Mais la science du jour, la science moderne qui a porté la nation à un si haut degré de puissance; mais les ouvrages récents sur les applications soit en physique, chimie, mécanique ou technologie; et sur cette science agricole que out le monde considère aujourd'hui comme l'un des premiers éléments de la richesse nationale,

on n'en trouvera pas! Cependant comment espérer
le progrès si on n'est pas renseigné sur ce qui a
occupé les meilleurs esprits pendant les vingt dernières années, sur les succès constatés par une
laborieuse expérience?

Aujourd'hui que de grands travaux de science
appliquée à l'industrie, que des ouvrages importants
ont formulé les règles à suivre dans chaque cas de
la pratique, ne serait-il pas urgent de former dans
toutes nos bibliothèques une section *de science
et d'industrie*, dans laquelle se trouveraient tous
ces ouvrages, et où tout industriel pourrait venir
prendre le renseignement dont il aurait besoin?

C'est aussi pour la classe ouvrière, pour les ouvriers les plus intelligents, les contre-maîtres, etc.,
que la création de semblables bibliothèques est nécessaire. En vain on prétendra faire lire à des gens
occupés toute la journée, les ouvrages de philosophie ou de littérature, dont nous sommes loin de
contester le mérite; si ces hommes connaissaient
une bibliothèque où ils pussent trouver des ouvrages relatifs à leur profession, ils iraient certaine-
ment les consulter pour lever les difficultés de leur
art. Le livre qui leur expliquera le pourquoi, qui
leur présentera l'image de la machine qu'ils ont
en vue et la méthode qui leur est nécessaire, sera
toujours recherché; or, ce livre les conduira bien-

tôt à la science, et nous savons par expérience
que leurs progrès intellectuels s'en accroîtront avec
la plus grande rapidité : la bibliothèque du Conservatoire royal des arts et métiers, la seule bibliothèque publique où l'on trouve les documents pratiques à l'usage des industriels, a rendu d'immenses
services à la classe des travailleurs qui se pressent
en foule autour des tables[1].

La bibliothèque de la Société d'encouragement
pour l'industrie nationale mise à la disposition des
inventeurs et de tous les industriels, membres de la
Société, présente aussi un ensemble très-complet de
documents sur l'agriculture, sur les arts et métiers
et sur les sciences appliquées qu'on ne retrouve pas
dans les autres bibliothèques de Paris; cette bibliothèque est l'un des grands services rendus aux travailleurs par la Société d'encouragement, qui justifie
dignement son titre.

On peut encore citer avec distinction la bibliothèque de la Société royale d'agriculture, qui réunit
la collection la plus complète de documents sur l'a-
griculture et sur les sciences qui s'y rapportent.

Nous avons trouvé dans *le Moniteur* des chiffres

[1] La bibliothèque du Conservatoire vient de recevoir un accroisse-
ment considérable qui permettra de classer les livres d'une manière
plus complète et qui donnera accès à un public beaucoup plus nombreux; il n'est pas douteux que la salle de travail, quoique doublée,
ne se trouve encore trop petite, si, comme il paraît qu'on en a le
projet, la bibliothèque est livrée le soir aux travailleurs qui ne peuvent
se présenter dans le jour.

curieux sur le mouvement de prêt des livres dans la bibliothèque de Valenciennes ; privé de renseignements sur cet établissement, qui nous paraît surtout créé par la bienfaisance publique et qui d'ailleurs a peu de rapports avec notre sujet, si ce n'est que les livres d'application nous y paraissent en bien petite quantité, s'il est permis d'en juger par les nombres suivants (d'après *le Moniteur* du 5 juin 1844, le nombre des livres distribués en 1843 a été de 25 995 volumes, en faveur de 13 528 lecteurs, savoir : 7 764 hommes et 5 764 femmes qui ont demandé,

Romans religieux, morale amusante. . . . . . . . . . 18 009 vol.
Voyages. . . . . . . . . . 3 515
Histoire, biographie, vies des saints. 3 679
Religion, science, littérature, histoire naturelle. . . . . . . 792 vol.),
nous n'en pouvons pas moins conclure que cet établissement, fort bon en lui-même, acquerrait un nouveau degré d'utilité pour la population industrielle de la contrée, s'il introduisait dans ses rayons quelques bons ouvrages scientifiques-industriels, et que ces mêmes rayons n'en seraient que plus souvent visités.

Nous donnons plus loin (page 71) le discours prononcé le 26 décembre 1847 à la distribution

des prix de *l'Association polytechnique*. Cette
œuvre de bienfaisance et de haute moralisation
a été formée, ainsi que le rappelle le discours,
au milieu des barricades de juillet 1830, entre les
élèves de l'École polytechnique et les ouvriers;
depuis lors, élèves et professeurs ont toujours été
fidèles à la foi promise, et cette œuvre a grandi de
l'expérience acquise pendant les dix-sept ans que
nous venons de traverser. Une *bibliothèque* à l'u-
sage des auditeurs des Cours était indispensable;
elle existe depuis plusieurs années, mais elle ne
fonctionne pas au gré des fondateurs parce que,
formée des débris des bibliothèques littéraires, elle
était à peine recherchée par les élèves; aujourd'hui
nous sommes autorisé à annoncer que cette bibliothèque va recevoir une nouvelle vie : l'association,
entrant dans les vues de notre projet, a bien voulu
se mettre en rapport avec la librairie scientifique-
industrielle, pour y faire entrer tous les livres qui
forment l'ensemble des connaissances enseignées
aux ouvriers.

Suivant un renseignement dont l'authenticité ne
nous est pas douteuse, le projet émis par M. Arago
sur la création de *bibliothèques spéciales*[1] serait sur

---

[1] Discours prononcé par M. Arago à la Chambre des députés dans
une discussion du budget. Ce discours, qui nous a été signalé par
plusieurs personnes, n'a pu être trouvé malgré nos recherches dans
les tables du *Moniteur,* pendant les dix dernières années.

le point de recevoir un commencement d'exécution
à Paris même, dans la nouvelle bibliothèque de
Sainte-Geneviève, et ce même projet serait entièrement en voie de prospérité à Lyon. La personne
qui a bien voulu communiquer ce renseignement
a assisté à plusieurs séances des académies, a visité
les salles et nous a dit que la *bibliothèque scientifique*
y est très-complète ; plusieurs sociétés et académies
de Lyon, parmi lesquelles nous croyons pouvoir
citer *l'Académie royale des sciences, la Société
royale d'agriculture, la Société linnéenne, l'Académie de médecine*, et peut-être d'autres encore,
sont réunies dans une même maison et y ont apporté chacune leur bibliothèque spéciale, qui
figure dans des pièces séparées, mais communi-
quant de l'une à l'autre, et cet ensemble est mis
à la disposition du public, qui y trouve surtout la
collection la plus complète des ouvrages scientifiques en langue allemande.

Il nous est permis d'annoncer aussi que plusieurs
fondations de bienfaisance se préparent sur différents points de la capitale et des départements ;
la classe ouvrière peut retirer un immense avantage
de ces dispositions favorables que nous ne cesse-
rons d'encourager comme le moyen le plus noble
et un des plus énergiques pour venir au secours
des populations industrieuses. Un rapport fait en
1847 à la Société de statistique de la Drôme par

M. Dupré de Loire, atteste que là aussi des efforts généreux sont tentés et ont reçu un commencement d'exécution.

Le besoin du travail des bibliothèques a été si bien senti à l'École centrale des arts et manufactures[1], cette pépinière féconde d'ingénieurs qui sillonneront bientôt le monde entier de leurs travaux, que non-seulement elle a réuni à l'usage de ses élèves tous les ouvrages relatifs à son enseignement, mais encore tous ceux qui peuvent donner les renseignements scientifiques-industriels qui doivent être à leur usage; et depuis deux ans elle a reconnu la nécessité d'ouvrir sa bibliothèque le soir aux élèves, après la fermeture des portes de l'école.

Il ne serait pas possible pour toutes les villes d'arriver à une création de bibliothèques scientifiques aussi importantes et aussi générales que celles que nous venons de citer; mais relativement à l'industrie de la contrée, il est facile de réunir les documents les plus indispensables : c'est ainsi qu'on formera une classe d'ouvriers intelligents capable de répondre à tous les besoins d'un grand développement industriel chez un grand peuple.

Parmi les bibliothèques spéciales dont nous avons

---

[1] L'École centrale a, pour la première fois, formulé l'ensemble de l'enseignement scientifique que nous développons dans notre projet. Cet ensemble, appliqué à toutes les branches de l'industrie, est le programme même sur lequel a été fondée la librairie scientifique-industrielle.

fait notre étude de prédilection depuis quinze ans,
la plus variée, sinon la plus volumineuse, et, il faut
le dire, celle qui présentait le plus de difficultés à
créer, en raison du petit nombre de personnes qui
s'y sont d'abord intéressées, est celle de l'ingénieur;
elle embrasse l'étude de presque toutes les connaissances humaines; les frais considérables qu'entraîne
la publication des ouvrages qui composent cette bibliothèque élèvent les prix de chacun de telle sorte
que ces livres ne trouvent vraiment accès que chez
les personnes qui en ont un besoin indispensable.
Nous n'avons cependant reculé devant aucune difficulté de la position : en peu d'années, nous
sommes heureusement parvenu à mettre cette bibliothèque au grand complet, et, par l'empressement des travailleurs de toutes les nations à se tenir
au courant de nos publications, par les demandes
considérables qui nous sont venues de toutes les
villes industrielles de l'Europe, nous avons dû reconnaître l'opportunité de nos efforts.

Si, en France, nous avons rencontré une grande
sympathie de la part des savants et des chefs d'industrie, nous devons reconnaître que notre mission
ne sera pas remplie tant que ces ouvrages ne seront
pas arrivés jusqu'au chef d'atelier, au contre-maître,
et même jusqu'à l'ouvrier intelligent que chaque
auteur avait en vue lorsqu'il a composé son livre,
tant que nos livres n'auront pas pénétré dans toutes
les bibliothèques des villes où ils pourraient accé-

lérer et au besoin même imprimer le mouvement industriel.

Les paroles flatteuses qui nous ont été adressées en 1844, et la médaille qui nous a été décernée par le jury de l'Exposition de l'industrie française, ne nous ont pas permis de douter de nos travaux et de l'intérêt avec lequel ils étaient accueillis par l'administration : les encouragements qui nous ont été donnés par toutes les sommités scientifiques et industrielles nous ont fait un devoir de redoubler nos efforts et de porter à la connaissance d'un plus grand nombre les ouvrages destinés à faire la gloire comme la richesse du pays.

De là est venue l'idée de créer des *bibliothèques scientifiques - industrielles* publiques afin de pouvoir offrir, en tous temps et à tout homme qui en a besoin, les renseignements qui exigent souvent des déplacements et toujours des pertes de temps et des dépenses considérables.

Nous nous occupions en silence d'élaborer et de compléter nos projets, lorsque M. le colonel A. Morin, *membre de l'Institut,* professeur au Conservatoire des arts et métiers, a émis la même idée. Il était impossible de rencontrer une meilleure preuve de la justesse de nos prévisions, et nous avons saisi avec empressement cette occasion qui, d'ailleurs ne pouvait pas tarder à percer au milieu de toutes les tendances libérales et éminemment philanthropiques qui se sont fait jour depuis plu-

sieurs années dans toutes les régions de la science
et de l'industrie.

*P. S.* Au moment de mettre sous presse nous
avons trouvé dans *le Moniteur universel* une note
qui aurait pu passer inaperçue dans toute autre circonstance; mais, en la reproduisant, nous croyons
d'abord entrer dans les vues de l'auteur, qui donne
deux raisons très-bonnes pour les publier; qu'il
nous soit permis d'ajouter que plusieurs autres
motifs nous y engagent : il en est que nous pouvons très-bien passer sous silence; mais un surtout
nous a frappé, c'est que depuis que nous avons
fait part de notre projet à des amis ou à des personnes qui s'intéressent à la réussite, plusieurs
citoyens généreux ont pris l'initiative D'ENVOYER
GRATUITEMENT A LEUR VILLE un commencement de
*bibliothèque scientifique-industrielle.* Il ne nous eût
pas été possible d'exprimer en de meilleurs termes
une pensée qui nous était bien venue, mais qui de
notre part aurait pu paraître intéressée; nous
livrons donc cette note à tous les amis du pays.

---

*Extrait d'une note insérée au* Moniteur universel *le*
*26-27 décembre 1844, sur la situation prospère de*
*la bibliothèque du port, à Lorient.*

. . . . . Les particuliers eux-mêmes, le passé en
« fait foi, ne refusèrent pas leur concours pour cette res-
« tauration, ou plutôt pour cette bibliothèque d'un de

« vos grands ports. On doit, en effet, considérer que, de
« tous les bienfaits que des hommes civilisés peuvent
« accorder ou recevoir, ceux qui s'adressent à l'intelli-
« gence ont un caractère d'élévation, d'utilité, d'étendue
« et de durée auquel les autres ne sauraient atteindre.
« C'est le propre des dons de livres faits aux bibliothè-
« ques; on multiplie les connaissances humaines, et l'on
« acquiert des droits à la reconnaissance publique.

« C'est sous le double point de vue de reconnaître les
« dons déjà faits aux bibliothèques de la marine, et en-
« gager à en faire de nouveaux, que l'on a cru devoir
« donner de la publicité à ce qu'on vient de lire. »

# OPINIONS DIVERSES.

---

*Extrait d'un discours de* M. Dumas, *président de la Société d'encouragement, prononcé le* 20 *janvier* 1847.

Messieurs, il y a quarante-trois ans, dans une de vos assemblées, *Chaptal,* alors ministre de l'intérieur, entretenait la Société de ses vues sur l'enseignement industriel; elles ne furent pas comprises. Appelé par ma situation, comme doyen de la Faculté des sciences, par la confiance du ministre de l'instruction publique, comme président de la commission des études scientifiques, à consacrer toutes mes veilles à des intérêts étroitement liés à ceux de l'agriculture, de l'industrie et du commerce, c'est un devoir pour moi de vous entretenir de ces grands objets, d'essayer de découvrir vos vœux, vos désirs, vos moindres pensées, heureux si je pouvais contribuer à les faire prévaloir dans les conseils du gouvernement.

L'agriculture, l'industrie, le commerce forment la masse de la nation : c'est dans leurs rangs surtout que l'armée se recrute, c'est de leurs labeurs que le budget s'alimente; ce sont leurs produits qui assurent l'existence, le bien-être, les jouissances de chacun de nous.

Faut-il abandonner au hasard, livrer au caprice

l'éducation des fils, des successeurs de nos agriculteurs, de nos industriels, de nos commerçants? L'État ne doit-il pas à ces enfants, qui feront un jour sa force, sa richesse, sa sécurité, la même protection qu'il accorde aux élèves de nos colléges qui s'y préparent aux professions lettrées?

On ne saurait hésiter à le proclamer dans cette enceinte, quand on l'a soutenu si vivement ailleurs, cette éducation, l'État la doit à vos enfants.

. . . . . . . . . . . . . . .

Mais, messieurs, ce n'est pas tout; une immense lacune rend notre éducation nationale incomplète. L'enseignement des sciences physiques ou chimiques brille partout; celui des sciences naturelles se développe largement; les sciences mécaniques seules demeurent dans l'oubli.

Je m'honorerai toute ma vie d'avoir proposé, il y a dix ans, la création de la chaire de M. *Poncelet* à la Sorbonne, celle d'une chaire de géométrie descriptive au Conservatoire; d'avoir contribué de ma conviction et de mon vote aux développements que l'enseignement de la mécanique reçut à cette époque dans ce dernier établissement.

Mais cela représente-t-il, à vos yeux, un enseignement complet de la science des machines, organisé par toute la France, à ses divers degrés, pour tous les besoins? Hélas! non; nous en sommes bien loin.

———

*Extrait d'un rapport fait par* M. Th. Olivier, *à la Société d'encouragement, le* 20 *janvier* 1847.

. . . . . . . . . . . . . . .

Qui peut mieux écrire, sur les *arts* et *métiers,* que les hommes intelligents qui chaque jour palpent la matière et la travaillent sous tant de formes diverses?

Qui mieux qu'eux peut nous faire connaître une foule de phénomènes inaperçus du savant qui vit dans son cabinet, loin des ateliers, et ignorant le maniement des outils? Qui mieux qu'eux peut mettre les théoriciens sur la voie des vérités qui recèlent ces phénomènes?

Un jour viendra où l'alliance de la pratique et de la théorie sera définitivement conclue, et cette alliance sera indissoluble. A partir de ce jour naîtra une ère vraiment nouvelle et pour la science et pour l'art; à partir de ce jour, tous les arts se perfectionneront, et la science grandira.

---

*Extrait de l'ouvrage sur la Puissance américaine,* par le major Poussin.

. . . . . . . . . . . . . . . .

Le nombre des institutions qui ont pour but l'instruction du peuple dans les diverses branches industrielles de la société américaine est infini ; chaque État, chaque comté, chaque commune, chaque ville en compte plusieurs. Chaque année on voit de nouvelles associations se fonder, dans le but d'établir des bibliothèques, des salons de lecture, spécialement destinés à la jeunesse engagée soit dans le commerce, soit dans les arts industriels, soit dans les arts libéraux.

Dans le Massachussetts, par exemple, chaque comté est pourvu de plusieurs bibliothèques publiques supportées par les contributions volontaires des sociétés pour l'instruction publique, des cours publics y sont donnés gratuitement aux frais de ces institutions.

Toutes ces bibliothèques présentent ensemble plus de 185 000 volumes. Ces institutions ont fait dans une année 100 000 francs de dépense pour leurs cours publics qui ont été suivis par 33 000 individus.

On compte en outre dans cet État 307 villes ou villages possédant des bibliothèques. Un certain nombre de bibliothèques appartenant aux colléges sont assez bien fournies ; ainsi celle du collége ou université de Howard a près de 51 000 volumes, celle de Amherst 13 000 volumes, celle de William 7 500, etc. La bibliothèque de la Société des antiquités américaines à Boston a 12 000 volumes.

Le nombre total de volumes auquel on porte tout ce qui existe dans les bibliothèques publiques du Massachussetts, non compris celles appartenant aux écoles du dimanche, est de 500 000 volumes.

Il y a des bibliothèques des écoles du dimanche qui ont 100 000 volumes, d'autres 30 000.

Souvent les hommes les plus éminents du pays contribuent volontairement et sans rétribution à l'instruction publique, et font aux classes ouvrières des cours d'économie politique, de finances, de morale et de littérature.

Dans ces derniers temps, le vénérable président Adams s'est arrêté dans plusieurs grandes villes de l'Union, en se rendant de Boston à Washington, et a développé, dans une série de lectures faites devant une assemblée de jeunes apprentis et ouvriers, les points les plus importants de l'instruction publique.

---

*Extrait de « la Belgique et les Belges, »* par le major POUSSIN.

. . . . . . . La Belgique occupe, parmi les nations européennes, une prééminence industrielle incontestable, dont elle est redevable en grande partie à la richesse de son sol, à la disposition remarquable de son territoire ; mais par-dessus tout au caractère laborieux et intelligent de sa classe ouvrière. Eh bien ! malgré ce cachet si honorable de la classe travaillante, il n'existe point encore en Belgique d'institution nationale d'arts et métiers où l'artisan puisse venir puiser les connaissances indispensables pour pouvoir sortir de la routine et se frayer une voie nouvelle ; où enfin toutes les classes de citoyens puissent trouver à se former spécialement, de manière à devenir de bons mécaniciens, des fabricants habiles, des constructeurs distingués ou des chefs d'ateliers et des contre-maîtres instruits.

Cette lacune dans l'instruction publique, que serait appelé à combler l'enseignement complémentaire et professionnel donné aux frais du gouvernement, se fait sentir dans tous les pays et mérite cependant bien d'appeler la sollicitude de la société sur les moyens d'y remédier. Partout aujourd'hui on éprouve le besoin de s'occuper de l'instruction de la classe ouvrière ; car partout la société est en progrès, et ces progrès sont dus en plus grande partie aux efforts constants de la masse des travailleurs.

Cependant presque partout aussi on n'a adopté que des mesures partielles ; nulle part on ne semble se préoccuper de l'avenir, et on n'ose aborder les véritables moyens de le préparer.

Le premier de ces moyens, c'est l'instruction primaire rendue obligatoire pour tous ; le second, c'est l'instruction professionnelle des ouvriers.

J'ai déjà eu souvent l'occasion de citer l'exemple des États-Unis en ce qui touche la condition de l'homme ; je citerai encore ce pays comme étant, suivant moi, celui où l'instruction populaire est le plus universellement répandue : c'est que dans ce pays l'instruction est considérée comme la condition essentielle du bien-être des habitants.

La plupart des villes et même des villages des États du

nord de l'Amérique ont des institutions populaires d'éducation qui, de même qu'en Allemagne et dans la Grande-Bretagne, servent de complément à l'enseignement des écoles. Ces institutions sont moins nombreuses dans les États du sud et de l'ouest, parce que, dans ces États, l'industrie n'est pas à beaucoup près aussi avancée qu'au nord.

L'Institut Franklin, à Philadelphie, est le premier établissement de ce genre qui ait été fondé en Amérique. Il est à la fois un des plus riches et des mieux dirigés; on y publie un journal mensuel qui jouit d'une très-grande réputation.

Boston compte un grand nombre de ces établissements; tous ont des instruments de physique d'une grande valeur et des bibliothèques fournies d'excellents ouvrages. Les femmes sont admises dans toutes ces réunions, et très-souvent elles prennent part aux travaux par des compositions littéraires qu'on y lit à haute voix.

Dans un grand nombre d'écoles aux États-Unis, l'apprentissage industriel est associé à l'enseignement scolaire. Cette association est féconde en heureux résultats. De l'application de ce système, il résulte en général que par leur travail manuel, qui ne dure que trois heures par jour, les élèves peuvent fournir aux frais de leur nourriture.

On trouve aujourd'hui de semblables institutions dans l'Indiana, l'Ohio, le Missouri, etc. Dans toutes, les jeunes gens, en travaillant trois heures par jour, soit dans les ateliers, soit aux champs, gagnent facilement de quoi couvrir leurs frais de nourriture et d'éducation.

De ces diverses dispositions favorables aux classes ouvrières, il résulte que l'ouvrier américain a un degré de moralité supérieur à celui de l'ouvrier européen, parce que son éducation est meilleure, que son instruction morale est plus soignée, et qu'enfin, et surtout, il a des habitudes de tempérance fortement encouragées par les personnes influentes au milieu desquelles il est placé.

Si on n'a pas, à beaucoup près, aussi généralement pourvu en Belgique à l'éducation de la classe ouvrière qu'aux États-Unis, au moins faut-il reconnaître que dans bien des cas les provinces, les communes, et quelques généreux particuliers ont cherché à réparer autant qu'il était en leur pouvoir cet oubli coupable de l'autorité supérieure.

L'institution d'éducation populaire la plus répandue en Belgique est celle du dessin; on y compte plus de cinquante écoles publiques ou gratuites de dessin et d'architecture, fréquentées par trois ou quatre mille élèves.

Il y a en outre dans le royaume trois écoles des beaux-arts, connues sous le nom de : l'Académie royale d'Anvers, suivie par onze cent vingt-quatre élèves; l'Académie de Bruxelles, suivie par six cents élèves, et l'Académie de Liége, suivie par trois cent soixante-neuf élèves. La plus célèbre de ces Académies est celle d'Anvers, d'où sont sortis déjà des peintres, des sculpteurs, des graveurs distingués.

Le gouvernement alloue deux bourses de 2 500 francs chacune, accordées pendant quatre ans aux lauréats du grand concours triennal, pour leur faciliter les moyens d'aller étudier à l'étranger les ouvrages des grands maîtres.

L'éducation musicale est également très-répandue en Belgique par les soins des communes, des provinces ou du gouvernement central; c'est qu'on a parfaitement jugé quelle liaison intime devait s'établir entre les connaissances musicales et l'instruction morale du peuple. Ce fait est aujourd'hui reconnu; on ne peut plus révoquer en doute les excellents résultats de l'enseignement musical parmi la classe ouvrière, et cependant on est loin d'avoir popularisé ce puissant auxiliaire autant qu'il devrait l'être.

. . . . . . . . . . . . . . . . . . . . .

Dans quelques provinces, les autorités locales ont

fondé des écoles spéciales pour l'éducation des ouvriers, dans le but de former des chefs d'atelier. A Gand, par exemple, on trouve une école industrielle, fréquentée par trois cents élèves, et dans laquelle sont admis gratuitement quelques ouvriers envoyés par le gouvernement. A Tournay, il existe une école d'arts et métiers, suivie par quatre-vingts élèves; le mode de fabrication des tissus à la Jacquart est introduit dans cet établissement. A Oudenarde, il y a une école industrielle préparatoire, suivie par cinquante-deux élèves.

Liége, Verviers et Huy, possèdent des écoles industrielles et professionnelles qui donnent de très-bons résultats; mais, dans toutes ces écoles, ce n'est qu'exceptionnellement que les enfants d'ouvriers sont admis.

Toutes ces institutions sont donc loin de répondre au but d'instruction professionnelle qu'elles devraient offrir gratuitement à la classe ouvrière; l'exception en forme encore la règle d'admission, tandis qu'elle devrait être celle de l'exclusion.

Anvers et Ostende possèdent des écoles spéciales de navigation, suivies par près de trois cents jeunes gens qui se destinent à la marine marchande.

L'État entretient une école vétérinaire près de Bruxelles. Parmi les institutions privées fondées dans un but d'instruction publique, une des plus remarquables et des plus justement célèbres, est celle connue sous le nom d'*Établissement géographique de Bruxelles*, créée par M. Philippe Vandermaelen, savant aussi distingué que généreux patron des arts et des sciences.

Peu de capitales, peu de pays peut-être possèdent un établissement aussi complet pour la géographie, les sciences naturelles, géologiques et minéralogiques.

*Extrait d'un article publié en* 1842 *dans le* Journal des Connaissances utiles, *sur les bibliothèques populaires,* par M. DARNIS, *aujourd'hui directeur du* Moniteur industriel.

. . . . Au village même on pourrait s'instruire, orner son esprit jusqu'à un certain degré de connaissances utiles et perfectionner le sentiment moral par le tableau des actions qui honorent l'humanité. Il suffirait pour cela d'y établir une bibliothèque composée de livres à la portée de toutes les intelligences, enseignant à chacun à mieux faire ce qu'il fait.

. . . . La formation de telles bibliothèques n'est pas facile, mais elle est loin d'être impossible : en effet, nous avons aujourd'hui des traités d'agriculture, d'horticulture, d'hygiène, d'économie domestique, de mécanique appliquée, dans lesquels l'homme des champs peut trouver les règles de son art et les moyens de raisonner tous ses travaux.

. . . . Aussi ce n'est pas le manque de livres qui s'oppose à la formation de bibliothèques populaires, c'est surtout et avant tout, il faut bien l'avouer, le manque de personnes éclairées, généreuses et zélées ; c'est aussi peut-être l'apathie du gouvernement qui amoncelle des livres dans les bibliothèques des villes et qui ne se préoccupe nullement des bibliothèques populaires.

. . . . Toute personne amie de ses semblables et capable de quelque dévouement peut organiser une bibliothèque communale. Et elle a moins à faire qu'on ne le pense, non pas seulement pour réunir une certaine quantité de bons livres, mais même pour en forcer, pour en faire désirer la lecture. La personne qui veut tenter une telle entreprise doit d'abord s'adresser à ces organisations d'élite qui semblent avoir été faites pour les rangs supérieurs de la société. En donnant quelques bons livres à lire à de telles gens, non-seulement elle leur inspirera le désir, le besoin d'aller plus loin, mais encore, une fois en leurs mains, ces livres seront recommandés, seront imposés à tout le village, aux jeunes gens, aux vieillards, à tout le monde. On ne se doute pas généralement de la passion d'apprendre qu'on trouve chez tous les paysans que l'ivrognerie, ou la débauche, ou la misère n'a pas abrutis.

. . . . Quant à la première dépense, il y a partout des personnes assez riches pour la faire et qui la feraient si quelqu'un prenait l'initiative de l'institution. Aussi nous ne saurions trop engager les personnes à généreux sentiments et désireuses d'être utiles à tous ceux qui les environnent à ne pas reculer devant cette initiative. Ah! certes, il se trouverait bientôt dans chaque commune, nous dirions presque dans chaque village, une bibliothèque populaire si l'on en calculait l'importance, si l'on en voyait les résultats!

. . . . En Écosse et en Suisse, les paysans se délassent de leurs travaux, le soir et les fêtes, par la lecture. Les nôtres vont généralement dépenser leur argent au cabaret. S'ils avaient une bibliothèque qui leur fît aimer la vie, qui réjouît leurs cœurs, ils feraient comme ceux de Suisse et d'Écosse.

. . . . Le progrès pénètre rarement au village parce qu'on n'y lit pas; si les paysans lisaient les moyens de récolter plus de foin qu'ils n'en récoltent, d'augmenter, de perfectionner toutes leurs cultures, la routine cesserait d'être la règle de toutes leurs opérations et la richesse du pays augmenterait indéfiniment.

. . . . Avec des bibliothèques communales, nos paysans seraient plus riches, meilleurs et plus heureux. Il faut donc leur en donner. C'est surtout à nos ecclésiastiques, à nos curés de campagne, si dévoués à l'amélioration de ceux qui les entourent, que nous recommandons spécialement cette réforme importante. Ce n'est pas seulement l'aumône du pain que nous devons à nos semblables, mais aussi l'aumône de la pensée. Et si la première est commune, la seconde est si rare !

---

*De la nécessité de fonder l'enseignement professionnel. Extrait du discours d'ouverture du Cours d'économie politique du Collége de France. Année 1845-1846.*

. . . . Cette année, nous examinerons du même point de vue l'influence de l'instruction publique ; nous déterminerons ce qu'on peut en attendre : en un mot, nous traiterons de ce qu'on est convenu de nommer l'enseignement professionnel.

L'importance de ce sujet est facile à apprécier. On comprend sans peine que de toutes les forces qui prennent part à la création de la richesse, la première réside dans les bras et la tête de l'homme. C'est presque une naïveté que de faire remarquer que pour produire bien il faut d'abord prendre le soin de façonner le producteur lui-même.

J'ai nommé la tête de l'homme en même temps que ses bras : c'est qu'en effet, tête et bras, tout chez l'homme est mis en œuvre dans l'acte de la production. N'y voir en jeu rien de plus que de la force physique, c'est ravaler l'industrie, c'est presque outrager la nature humaine. Chez l'homme, c'est la tête qui mène les bras, et le titre de gloire de l'industrie moderne c'est que la raison de l'homme y éclate de toutes parts. Fidèle à son essence divine, cette raison dominatrice des choses terrestres est parvenue à mettre dans l'industrie, au service de nos besoins, mille puissances autrefois rebelles et redoutables, désormais domptées et dociles, et c'est ainsi que s'est ennobli le travail.

L'industrie moderne s'inspire sans cesse de la science. Elle y puise comme dans un réservoir infini ; elle en tire un levain qui, semblable à ces liquides mystérieux dont une goutte fait d'un nain un géant, ou d'un monstre une beauté accomplie, met la matière en travail et transforme en richesse les éléments les plus bruts ; et, par un libéral retour, elle restitue à la science plus encore qu'elle n'en avait reçu ; car l'étude des phénomènes de la production agrandit continuellement le domaine de la science spéculative.

Mais ce n'est pas seulement entre deux classes distinctes, celle des savants et celle des industriels, que ces heureux et féconds échanges doivent s'accomplir. Il est désirable qu'ils puissent s'opérer aussi dans le for intérieur de tout homme qui pratique l'industrie. Il est utile que l'homme qui se consacre au travail industriel sache la raison de ce qu'il fait. Il est bon qu'il puisse aller de la théorie à la pratique, et qu'il soit à des degrés divers, selon la diversité des positions et des carrières, familier avec l'une et avec l'autre ; que pour mieux les rapprocher l'une de l'autre, il les unisse en lui. Ce sera avantageux au succès de la production. La dignité personnelle du producteur y gagnera non moins que sa puissance.

L'éducation que reçoit l'immense personnel de l'industrie doit donc le préparer à un continuel va-et-vient entre la théorie et la pratique. Chacun a besoin d'être en état de faire cette pérégrination ; celui-ci de manière à franchir de grands espaces ; celui-là, dont la sphère est plus humble, de manière à faire au moins quelques pas ; en d'autres termes, il faut que ce personnel innombrable soit initié aux connaissances humaines dans ce qu'elles ont d'applicable ; il faut qu'on lui inspire le goût d'appliquer ce qu'il sait, et qu'on lui donne l'habitude de contrôler ce qu'il fait à la pierre de touche de la science.

Dans le premier âge, on vous a bercé de la fiction du pays d'Eldorado, où tout était mine d'or, et où le sable des rivières était d'émeraudes et de diamants qu'il n'y avait plus qu'à tailler et à polir. On vous a conté les aventures d'intrépides voyageurs qui y avaient pénétré et en étaient sortis chargés de richesses. On pourrait dire que c'est l'image du champ de la science. Il offre en abondance des idées fécondes dont une seule suffit quelquefois à faire la fortune, non pas d'un seul homme, mais d'un peuple. Mais à cette fin, il est nécessaire de savoir exploiter la mine d'or et polir le diamant brut. C'est en cela que consiste la tâche de la science appliquée ; c'est là son génie. Et, en parlant de mines d'or et de diamants, je n'exagère rien. Croyez-vous que parmi les mines d'or éparses dans les plaines du Brésil, dans les steppes de la Sibérie ou dans l'intérieur de l'Afrique, il en est une seule qui vaille la boussole, l'application du magnétisme à l'art du navigateur, et avez-vous entendu parler d'une mine à diamants qui produise la centième partie de ce qu'a valu au genre humain l'application de la vapeur ?

Mais, dira-t-on, il est donné à bien peu d'hommes d'avoir le génie de l'un des trois personnages, Papin, Newcomen et Watt, dont les inventions successives ont procuré au monde la machine à vapeur, et d'égaler le bienfaiteur inconnu qui le premier enseigna aux hommes à placer une boussole sur un navire. Si donc l'étude des sciences appliquées ne se motive que par l'espoir d'aussi brillantes découvertes, que les siècles voient rarement, à quoi bon en occuper le commun des hommes ? Mais, messieurs, pour revenir au terme dont je me servais tout à l'heure, chacun de nous, dans sa sphère vaste ou rétrécie, a reçu son diamant à tailler ou à revêtir d'un plus beau poli sur quelqu'une de ses facettes. Puissants ou faibles, tous ici-bas, pour que notre destinée ne soit pas manquée, nous avons quelque chose à faire, un grain de sable à ajouter à la masse toutours croissante que représente le progrès du genre humain, afin qu'en quittant cette demeure, nous emportions la conscience de n'avoir pas été inutiles, et d'y laisser une trace de notre passage. De l'un, à qui la Providence a beaucoup donné, l'espèce humaine est en droit d'attendre un présent magnifique, tandis que l'autre s'acquittera et méritera de la reconnaissance en offrant le denier de la veuve. Dans l'industrie, comme ailleurs, tous tant que nous sommes, nous avons un tribut à payer. Le plus sûr moyen de découvrir ces perfectionnements, grands ou petits, ou de se les approprier pour ensuite les léguer à d'autres, consiste à observer les opérations de l'industrie, et à les rapprocher des principes de la science, et on y est bien plus apte, quel qu'on soit, lorsque, par l'éducation, on est devenu un peu familier avec la raison intime des choses.

. . . . Bacon a dit avec grandeur et vérité : « Ministre et interprète de la nature, l'homme n'agit et ne connaît qu'en proportion de ce qu'il a observé de l'ordre même de la nature. Il n'a pas d'autre science, il n'a pas d'autre pouvoir. » Ainsi, la théorie et la pratique se touchent et se tiennent, leurs sources se confondent. Comment pourrait-on tenter de les séparer par un mur d'airain ?

. . . . Mais au moins les sciences d'application n'ont rien dont la jeunesse puisse se rebuter, dont les amis du progrès intellectuel et du progrès moral n'aient à s'applaudir ; elles ont, sur les autres objets qu'embrasse l'instruction publique, l'avantage de parler aux sens, et c'est ainsi qu'elles captivent l'attention et laissent sur le cerveau plus facilement leur empreinte. La plupart des sciences naturelles excitent vivement la curiosité, et par là elles soutiennent l'enseignement et le rendent léger pour de jeunes intelligences, car la jeunesse est particulièrement curieuse. Et il ne faudrait pas dire qu'une pareille étude tend à matérialiser l'instruction publique. Par les sciences se révèlent d'une façon éclatante l'ordre général de l'univers, les merveilles de la prévoyance divine dans l'infiniment grand comme dans l'infiniment petit, et les prodiges de la bonté du Créateur pour la créature. Croyez-vous qu'il y ait une œuvre littéraire qui parle plus haut à l'âme que le spectacle de l'univers expliqué par un petit nombre de lois d'une majestueuse simplicité? L'exposition des secrets jusqu'alors voilés de la nature n'offre-t-elle pas une poésie sublime, une peinture attachante, une harmonie inimitable? Je ne connais pas de pages de philosophie qui soient plus propres à élever l'âme, à toucher le cœur, et à le remplir du sentiment religieux, que celles où Pascal, s'inspirant du système du monde tel que la science le montrait déjà de son temps, représente l'homme comme suspendu entre les deux immensités de l'infiniment grand et de l'infiniment petit, et, dans cette situation, s'imprégnant par tous les pores d'admiration et de reconnaissance pour le Créateur.

Il ne faut pas croire non plus que l'étude de ces sciences ait rien de trop ardu pour la moyenne des intelligences. C'est une réputation qu'on leur a faite et qu'elles ne méritent pas. On peut enseigner les sciences de manière à les rendre fort difficiles; mais on peut aussi les dégager, toutes sans exception, de l'appareil dont on les montre trop souvent hérissées et qui les rend inabordables; rien n'empêche de secouer cette vaine scolastique et on ne saurait trop y mettre d'empressement, car elle a plus d'un rapport avec celle dont la philosophie s'entourait au moyen âge et qui est devenue aujourd'hui un type de ridicule. Il y a déjà plus d'une école au monde où les sciences sont présentées avec plus de simplicité sans être moins imposantes. L'illustre Laplace a exposé le système du monde dans un livre que les profanes peuvent lire à la seule condition de s'aider de quelques définitions que l'esprit saisit aisément, et l'on est parvenu à mettre en style léger la physique et l'astronomie. Quiconque a une connaissance un peu approfondie des sciences sera d'opinion que toutes les idées essentielles dont se compose le bagage scientifique du genre humain peuvent se ramener à des termes clairs pour tous, être renfermées dans un assez petit espace et enseignées avec le reste des connaissances dont les hommes ont besoin pendant l'intervalle de temps qu'il est convenu d'attribuer à l'instruction publique. Ainsi, messieurs, tout autorise à soutenir l'industrie, lorsque, élevant la voix chez tous les peuples civilisés en faveur des sciences d'application, elle réclame que l'instruction publique leur ouvre largement la porte et que la jeunesse y soit initiée tout entière au lieu de ne l'être que par exception. Il convient de le réclamer au nom du perfectionnement intellectuel des sociétés. Car enfin toutes les grandes acquisitions de l'esprit humain doivent être comprises dans le cercle de l'instruction publique. Que faudrait-il penser d'un pays où l'on élèverait la jeunesse comme si les Galilée, les Copernic, les Descartes, les Pascal, les Newton, les Leibnitz, les Linné, les Buffon, les d'Alembert, les Lavoisier, les Werner, les Davy, les Laplace, les Monge, les Cuvier n'avaient pas passé sur la terre? (Je m'abstiens de citer des hommes qui, grâce à Dieu, pour l'honneur de notre temps, sont vivants.) Ce peuple serait-il au courant de la civilisation, ou plutôt ne serait-on pas en droit de lui dire qu'il se laisse honteusement attarder, quoi que puisse lui faire accroire sa vanité? De même, dans un siècle qui tire de son industrie son éclat et sa puissance, quel reproche d'ingratitude ne pourrait-on pas adresser à une nation qui négligerait d'apprendre à la jeunesse ce que le genre humain doit à cette autre catégorie d'hommes supérieurs qui ont fait jaillir de la science des inventions propres à accroître le bien-être de tous?

. . . . Envisageons la question de l'enseignement professionnel sous un autre aspect. Les sociétés modernes ont entrepris avec une ardeur qui ne connaît pas d'obstacles un grand changement dans leur propre sein. Elles se sont dit qu'elles transformeraient en citoyens investis des prérogatives de la liberté les héritiers et successeurs de ces mêmes classes industrielles, qui, du temps des Romains et des Grecs, étaient de vils esclaves, et pendant le moyen âge, des serfs. Elles ont commencé à mettre cette pensée en action dans leur organisation politique. Pour affermir cette liberté décernée à tous, et en même temps pour empêcher qu'elle ne devînt pour l'État une cause d'ébranlement, elles ont voulu lui donner une base matérielle, l'aisance, l'aisance achetée au prix du travail. Produire mieux, produire davantage, produire à meilleur marché, et, par ce moyen, mettre l'aisance à la portée du commun des hommes, en proportion du concours que chacun aura donné à cette production meilleure, plus abondante et à plus bas prix, est devenu l'un des premiers besoins des sociétés modernes.

L'enseignement professionnel étant indispensable pour porter la production à ce nouveau point où elle sera plus copieuse, meilleure et plus économique, devient ainsi, de nos jours, une nécessité publique, un des premiers soins qui doivent occuper l'État. C'eût été peut-être au rebours de l'esprit des sociétés à privilége qui nous ont précédés. C'est sur la pente la plus directe de notre époque.

. . . . Enfin, messieurs, on est dans la ligne du bon sens lorsqu'on demande que les jeunes générations sociales soient préparées par l'enseignement qu'elles reçoivent à l'existence qu'elles doivent mener. Partout et toujours on a réglé l'éducation de la jeunesse sur la donnée principale de l'organisation sociale ; or, aujourd'hui cette donnée, c'est l'industrie agricole, manufacturière, commerciale. On est dans la ligne de la justice et on se montre animé de l'esprit de la civilisation moderne en réclamant que cette initiation s'étende dans une mesure proportionnelle à tous ceux qui ont le droit de cité. Il faut des hommes faire de bons citoyens autant que l'instruction proprement dite y peut quelque chose ; c'est l'affaire de l'enseignement littéraire, qui a mission de traduire devant la jeunesse les actions des grands hommes et de lui graver dans la mémoire la plus belle expression des plus nobles sentiments qui font battre le cœur humain. Mais il faut aussi qu'ils soient des citoyens utiles, qu'ils aient les connaissances nécessaires pour prendre part, chacun selon sa position et son aptitude, aux travaux de l'industrie, ou pour occuper les fonctions publiques, ou suivre des professions libérales dans une société livrée à l'activité industrielle. C'est pour cela qu'il faut combiner avec l'enseignement littéraire l'étude des sciences positives présentées par leur côté utile plus que par leur côté spéculatif et dégagées d'abstractions au moins superflues, et façonner la jeunesse à appliquer ces connaissances précieuses.

Désormais un système d'instruction publique, qui n'offrirait pas l'association de ces deux éléments combinés dans les diverses proportions qui correspondent aux diverses carrières, serait incomplet, vicieux, arriéré, et, je n'hésite pas à le dire, au-dessous de la civilisation. L'économie politique manquerait son but et ne remplirait pas son devoir si elle ne signalait de toutes ses forces cette nécessité.

*Extraits de lettres publiées sous le titre De l'orga-
nisation de l'enseignement scientifique en France,
par M.* Poncelet, *membre de l'Académie des
sciences, professeur à la Faculté des sciences.*

. . . . . . . . . . . . . . .

On s'est gardé de rien dire sur la partie des programmes où il est question de *ponts, aqueducs, viaducs,
fondations, chauffage, ventilation,* etc., mots dont
tout le monde comprend parfaitement l'acception et la
portée. On a également passé sous silence la partie qui
concerne la *cinématique,* la *dynamométrie,* la *dynamique moléculaire et expérimentale,* la *stabilité des édifices,* l'*hydraulique,* et la *pneumatique,* sans doute parce
que ces branches importantes de la mécanique physique,
déjà professées partiellement à la Sorbonne, n'offrent,
par elles-mêmes, rien qui prête à de fâcheuses équi-
voques. Mais on s'est jeté impitoyablement sur ces énon-
cés : *Déblais* et *remblais, charpenterie, menuiserie,
serrurerie,* susceptibles, en effet, d'une double inter-
prétation : celle des gens du monde et celle des hommes
de science.

Il est évident que, par une feinte ignorance, on a
voulu prendre la partie pour le tout. Car je ne sau-
rais supposer que l'on ait oublié complétement les beaux
travaux de Vauban, de Monge et de notre illustre con-
frère M. Charles Dupin, sur l'importante question des
déblais et remblais. Je ne puis croire qu'on ait confondu
l'art manuel du charpentier, du menuisier et du serrurier, avec la partie si utile de la science et des théories qui enseignent à mettre le bois et le fer en œuvre
dans les édifices publics et privés. Qui ne sait que le fer
est destiné à remplacer, presque partout et avec un grand

avantage, les gros bois de sujétion, dont la pénurie se fait de plus en plus sentir.

Est-ce bien sérieusement, d'ailleurs, qu'à propos de serrurerie on s'est écrié : *Et pourquoi pas le charronnage?* Ignorerait-on que des plumes savantes se sont occupées des belles et difficiles questions que la théorie et le perfectionnement de ces arts ont fait naître? Ne se serait-on jamais surpris à admirer la disposition, si ingénieuse au point de vue mécanique, de l'*enrayure* et de l'*écuanteur* des roues de voiture, de la suspension des ressorts et d'une foule d'autres combinaisons qui ont occupé, depuis plus de trois siècles, toutes les artilleries de l'Europe. Elles ne sont dédaignées de beaucoup de personnes que faute par elles de connaître le lien intime qui existe entre ces merveilleuses productions et les théories les plus savantes de la mécanique. De même que les lois de la chute des graves étaient demeurées inaperçues avant les immortelles expériences de Galilée?

Serait-il vrai, monsieur, serait-il vrai, enfin, qu'il y eût moins de science et de sujet d'admiration dans les objets que nous venons de citer et dont la jouissance nous est acquise depuis tant de siècles, qu'il n'en existe dans cette locomotive devenue aujourd'hui la merveille des peuples civilisés, bien qu'elle soit beaucoup moins perfectionnée sans aucun doute?

. . . . . . . . . . . . . . . . . . . .

Lorsqu'en 1827 j'acceptai l'honorable mission de créer, à la Faculté des sciences de Paris, l'enseignement de la mécanique physique et expérimentale, j'avais l'intime conviction et le ferme espoir, non-seulement de propager des vérités utiles à tous, sans abaisser la dignité de la science, mais encore d'appeler vivement l'attention sur une partie de l'enseignement jusqu'alors trop délaissée dans les écoles universitaires, et qui est l'une des sources les plus fécondes du perfectionnement des industries qui reposent sur les théories de la mécanique. Sans cette conviction, cet espoir, sans les indulgents suffrages des savants professeurs de la Faculté des sciences de Paris, enfin sans l'intervention généreuse et éclairée du ministre qui présidait dès lors à l'instruction publique, et le bienveillant concours de l'autorité militaire à laquelle je devais compte de tous mes travaux, je n'eusse point consenti à poursuivre la tâche laborieuse que j'avais commencé à remplir à l'École d'application de l'artillerie et du génie, ainsi que dans mes leçons aux ouvriers de la ville de Metz.

. . . . . . . . . . . . . . . . . .

En comparant ce même état de choses à ce que j'avais pu voir dans les écoles de service public, dans l'École industrielle de Metz et dans ces vastes, ces splendides universités de Belgique et d'Allemagne, mon chagrin fut extrême. En songeant que l'École industrielle dont il vient d'être parlé, fondée en 1825 par la munificence du conseil municipal de Metz et par celle de simples citoyens, soutenue d'ailleurs par le zèle honorable et purement gratuit de quinze professeurs appartenant à l'Académie royale de la ville n'existe plus aujourd'hui, mon chagrin redouble. En songeant surtout que cette École, qui avait servi de modèle à tant d'autres, et dont les leçons ont, dans toute l'Europe, un écho attesté par la multiplicité des éditions, des traductions ou des imitations de tous genres, a été supprimée, après plus de dix années d'existence, en vertu même des règlements universitaires qui créaient les Écoles normales primaires, on comprend l'une des causes de l'espèce de discrédit dans lequel l'enseignement universitaire est tombé aux yeux des industriels et des ingénieurs, qui sont plus particulièrement appelés à reporter dans les ateliers les lumières de la théorie fécondée par les données de l'expérience.

. . . . . . . . . . . . . . . . . .

Une science nouvelle en partie, en partie ancienne déjà, qui, prenant l'expérience pour base, en résume tous les résultats, les ramène à certains principes d'une géométrie assez simple pour être comprise de tous, assez élevée pour représenter les phénomènes dans ce qu'ils ont de général et d'abstrait. Je n'aurais pas de peine à le démontrer.

. . . . . . . . . . . . . . . . . .

Trois conditions sont indispensables pour assurer la réussite d'un enseignement public : 1° l'utilité et l'importance propres de cet enseignement, sans lesquelles on ne peut espérer ni zèle de la part des élèves, ni entraînement de la part du professeur ; 2° la possession des éléments, en personnel et matériel, que réclame le succès des expériences, l'exhibition des appareils nécessaires à l'intelligence des démonstrations, les exercices oraux et manuels, toutes choses sans lesquelles encore rien ne se fixe d'une manière durable dans l'entendement ; 3° la certitude, pour les élèves, que l'objet de leurs études non-seulement leur sera profitable au point de vue général de l'instruction, mais, de plus, indispensable pour l'obtention des grades universitaires, qui peuvent assurer plus tard leur position sociale.

Qui pourrait contester l'importance, la haute utilité des cours de *géométrie descriptive*, de *mécanique physique* et de *constructions*, qui font l'objet des nouveaux programmes de la Faculté des sciences de Paris ? Les nier, ce serait méconnaître l'opinion des hommes les plus éclairés, celle des Monge, des Carnot, des Ampère, des Arago, des Thénard, des Charles Dupin, si dévoués à la prospérité du pays et les mieux placés, peut-être, pour se constituer juges de ses véritables besoins. On me permettra de rappeler aussi les membres de la Faculté des sciences de Paris, qui ont unanimement voté la création de ces cours, et les savants professeurs ou

ingénieurs des services publics, dont la compétence en
cette occasion ne saurait être contestée.

Serait-il nécessaire, aujourd'hui, de répéter d'après
Monge ( *Leçons à l'ancienne école normale* ), que la
géométrie descriptive, « cette langue de l'artiste et de
l'homme de génie, » est indispensable à toutes les classes
de la société, depuis le simple artisan et le plus modeste
propriétaire, jusqu'au plus riche capitaliste, aux plus
habiles architectes, ingénieurs et constructeurs? Faudra-
t-il donc, en présence de ses nombreux disciples qui
occupent les plus hautes positions de l'État, que l'on retrouve dans tous les services publics, et jusque dans les
carrières de la médecine et de la magistrature, faudra-
t-il rappeler que le célèbre fondateur de l'École polytechnique voulait que la géométrie descriptive fût enseignée dans tous les districts de la République, comme
elle l'a été en effet, mais passagèrement, dans ces regret-
tables *écoles centrales* dont vous parlez, monsieur le
rédacteur, dans votre intéressante lettre du 12 novembre dernier? — qu'il prétendait ainsi répandre des méthodes utiles aux hommes de profession, des méthodes
dont l'élégance et la généralité tendent, comme il le dit
lui-même, à développer le sentiment du vrai et du beau,
même dans les arts d'imitation? — qu'enfin, il considé-
rait, au point de vue dogmatique, cette partie de la
science comme un des moyens « de rechercher la vé-
« rité, d'exercer les facultés d'un grand peuple et de
« contribuer par là au perfectionnement de l'espèce hu-
« maine? »

Doit-on, pour la géométrie descriptive, se contenter de
leçons purement orales? Monge, dans le programme si
remarquable de son cours à l'ancienne École normale,
répond : « Un cours simplement oral serait absolument
« sans résultat. Il est nécessaire, pour le cours de géo-
« métrie descriptive, que la pratique et l'exécution soient

« jointes à l'audition des méthodes. Les élèves doivent
« donc s'exercer aux constructions graphiques, etc. »
Chose digne de remarque, c'est dans les salles mêmes de
l'antique Sorbonne qu'avaient lieu ces exercices, qui
comptaient pour élèves un grand nombre de professeurs
accourus de tous les points de la France, pour entendre
la voix de l'illustre géomètre et celle des Lagrange, des
Laplace, des Haüy, des Berthollet, etc.

Monge insiste encore avec plus de force sur ces idées
dans une brochure imprimée en vendémiaire an III, par
ordre du comité de salut public, pour servir de suite au
rapport sur la création de la grande *École centrale*; et
dans un compte rendu du cours de *stéréotomie* à cette
même école, dont les bulletins imprimés ont pris immédiatement le nom de *Journal polytechnique* (1ᵉʳ cahier,
an III, p. 1ʳᵉ), il étend ces idées non plus seulement à la
*perspective,* aux *ombres* et au tracé des *cartes géogra-
phiques,* mais encore à la *coupe des pierres* et à la *charpente* dont les combinaisons ingénieuses lui semblaient
particulièrement propres à développer l'esprit géométrique et l'habitude des formes rigoureuses.

Aujourd'hui que la géométrie descriptive et ses applications sont enseignées chez tous les peuples de l'Europe, et qu'elles ont été l'objet d'excellents ouvrages
dont quelques-uns sont dus aux professeurs de nos Facultés, il devenait peut-être superflu d'insister autant sur
l'utilité d'en rétablir l'enseignement à la Sorbonne ;
mais il ne l'était pas de rappeler le sentiment exclusif de
Monge sur la manière de faire fructifier cet enseignement, et d'expliquer la cause qui, après celle déjà signa-
lée dans ma première lettre, a amené et rendu même
facile la suppression de la chaire de géométrie descriptive.

Pour justifier aux yeux des personnes éclairées la
création d'une chaire de *mécanique physique* à la Sorbonne, ainsi que dans les autres Facultés de France, il

suffirait de dire que cette science fut, dans l'antiquité, celle des Archimède, des Archytas de Tarente, des Ctésibius, des Héron d'Alexandrie et des Vitruve ; j'ajouterais même celle des Aristote et des Pythagore, si leurs disciples, soi-disant philosophes, n'avaient préféré aux sublimes révélations de la nature interrogée par l'expérience les douteux et obscurs enseignements de la *raison pure,* et contribué pendant de longs siècles à enserrer l'humanité dans les langes d'une scolastique ténébreuse autant que barbare.

Dans les temps modernes, cette science a été celle de Léonard de Vinci et de Michel-Ange, et elle a fait plus particulièrement l'objet des travaux de Képler, de Galilée, de Torricelli, d'Huygens, de Newton, de Bernouilli, de Salomon de Caus, de Denis-Papin, de Savery, de Newcomen, de Deparcieux, de Parent, de Mariotte, enfin, de notre grand Pascal, l'inventeur breveté d'une *brouette,* d'un *baquet,* d'une *presse hydraulique* et d'*omnibus à cinq sous.*

Plus près de nous encore, les géomètres Euler, Clairaut et d'Alembert ; les naturalistes Buffon et Duhamel-Dumonceau ; les hydrauliciens Michelotti, Venturi et Dubuat ; les ingénieurs Borda, Coulomb et Smeaton ; les mécaniciens Vaucanson, Montgolfier et Watt, l'ont aussi immortalisée par leurs travaux.

N'est-ce pas à ces bienfaiteurs des hommes que l'on doit les plus utiles, les plus fécondes découvertes dans cette branche de nos connaissances, qui constitue la *philosophie naturelle,* et forme la base la plus solide, la seule véritablement logique, des grands principes de la mécanique physique, de ceux même de la mécanique si mal à propos appelée *rationnelle;* principes dont l'inépuisable source, on semble trop l'oublier de nos jours, est dans l'observation attentive des faits de l'expérience?

Il est impossible que l'on continue plus longtemps à dédaigner dans nos écoles universitaires les nobles travaux des hommes que je viens de citer. Bientôt, espérons-le, la branche de la mécanique, qui est destinée à les faire connaître, aura de dignes interprètes dans toutes les Facultés de France. Néanmoins, je crois nécessaire de donner ici quelques explications qui, au point de vue pédagogique, fassent mieux comprendre l'esprit, la portée et le degré d'utilité des principales parties de cette science. Je les exposerai dans l'ordre des programmes, et à peu près dans les mêmes termes qu'en présence de mes honorables collègues de la Faculté de Paris.

D'Alembert, Carnot, et nôtre si regrettable Ampère ont, depuis longtemps et de la manière la plus précise, appelé l'attention des savants sur la nécessité de faire précéder la dynamique d'une exposition élémentaire de la science du mouvement considéré au point de vue géométrique et expérimental. On peut consulter, à ce sujet, la *Géométrie de position* de Carnot, et l'*Essai philosophique sur la classification des connaissances humaines* d'Ampère, ouvrage où cette branche de la géométrie est plus spécialement désignée sous le nom de *cinématique*.

Déjà, aussi, Monge avait signalé les *transformations géométriques du mouvement* comme étant un préliminaire indispensable pour l'intelligence et la composition de toute espèce de machines, au nombre desquelles on doit comprendre celles qui servent de base à l'enseignement de la physique proprement dite et de l'astronomie physique. Enfin, Lanz et Bétancourt ont traité *ex professo* de la même matière dans leur *Essai sur la composition des machines*, livre qui a servi pendant longtemps de texte aux leçons de l'École polytechnique, et qui a été traduit et commenté dans presque toutes les langues de l'Europe, où il est devenu le guide des écoles et des ateliers, malgré quelques imperfections et l'absence de tout ce qui se rapporte à l'utile tracé des *engrenages*.

Passons à la *dynamométrie*, qui enseigne les règles et les moyens physiques d'apprécier la force musculaire de l'homme et des animaux, leur capacité de travail au point de vue mécanique, les lois de la transmission des forces dans les systèmes matériels et dans les machines, en les opposant les unes aux autres : 1° statiquement, de manière à produire l'équilibre ; 2° dynamiquement, de manière à assurer la permanence de leurs effets pendant la durée du mouvement. Cette partie du programme, outre qu'elle a trait aux recherches de Daniel Bernouilli, de Désaguiliers, de Coulomb et de beaucoup d'autres expérimentateurs, sur le travail des moteurs animés, comprend les notions géométriques et mécaniques les plus positives et les plus universellement utiles sur le principe des *vitesses virtuelles*. Ce beau principe, aperçu par Galilée, et que Lagrange a développé admirablement au point de vue de la mécanique analytique, a été présenté depuis sous une forme plus générale, plus élémentaire, plus conforme à la nature physique des choses et pour un déplacement fini quelconque des corps. Il a donné lieu à un autre énoncé non moins fécond, *au principe du travail mécanique des forces,* que Descartes a plus particulièrement indiqué dans l'une de ses lettres au père Mersenne, et qui est devenu, dans ces derniers temps, la base fondamentale de toutes les applications de la mécanique à la science des machines et à l'étude des moteurs.

La dynamométrie est immédiatement suivie, dans l'ordre du programme, de la *dynamique moléculaire,* qui a pour objet le résumé des plus importantes lois relatives à la communication du mouvement par les forces, dans les systèmes solides, liquides ou gazeux, considérés comme composés de molécules ou de points matériels non juxtaposés. Cette dynamique comprend des développements physiques et des exemples d'application relatifs à l'échange perpétuel qui s'opère dans tout système matériel, d'une part, entre les *actions momentanées* (expression de Daniel Bernouilli) ou durables des forces et les simples quantités de mouvement ; d'une autre, entre les moments de ces mêmes actions et les moments de ces quantités. Cet échange, présenté sous un point de vue approprié aux besoins de la mécanique expérimentale, se rapporte plus spécialement au principe de la *conservation du mouvement du centre de gravité,* et à celui de la *conservation des aires et du mouvement rotatoire ;* principes dont la découverte est due à Newton, à Daniel Bernouilli, à Euler et à d'Arcy. Je ne puis me dispenser de mentionner ici, pour mémoire, d'autres principes non moins utiles, relatifs à la projection des forces et des mouvements en général.

Cette branche de la physique expérimentale traite d'une manière plus spéciale encore de l'utile principe des *forces vives,* dont l'étude est indispensable aux applications de la mécanique à l'industrie, au calcul des pertes de travail relatives au choc et aux résistances dites *passives,* dont l'appréciation a fait l'objet des belles expériences d'Amontons, de Coulomb et de quelques physiciens de notre époque.

Les théories et les données d'expériences relatives à la *stabilité des édifices,* à la *résistance des solides,* à l'évaluation du *travail* des *moteurs inanimés* (vapeur et eau), à l'*hydraulique,* aux *constructions publiques et privées,* ces théories, qui s'enseignent à l'École polytechnique et dans toutes les écoles de services publics, sont d'une importance si généralement reconnue et si universellement appréciée de nos jours, qu'il est inutile d'insister à leur sujet.

*Extrait du discours de* M. Arago *sur l'instruction secondaire.*

Malgré l'invitation bienveillante de M. le ministre de l'instruction publique, je n'avais pas le projet de me mêler à ces débats. Je l'avouerai, je me sens peu propre à discuter et même à apprécier la série des dispositions règlementaires dont se compose la loi actuelle. Si, prenant la question de plus haut, M. le ministre avait soumis à la chambre un plan général d'instruction pour les colléges royaux, j'aurais alors, moi aussi, apporté à cette tribune le faible tribut de mon expérience; j'aurais surtout essayé de montrer que dans ces institutions, plusieurs branches importantes des connaissances humaines sont enseignées sans ordre, sans méthode et à fort peu près sans aucun fruit; mais il faut se renfermer dans le cercle de discussion beaucoup plus restreint que le projet de loi a tracé autour de nous. Je me propose, toutefois, d'examiner une question vitale, une question de liberté; je repousserai ensuite des accusations hasardées, légères, j'oserais presque dire imprudentes, dont les études scientifiques ont été l'objet dans l'exposé des motifs, dans le rapport de la commission et dans les discours de plusieurs de nos honorables collègues.

La loi autorise la création d'écoles secondaires communales; elle en admet de deux sortes; elle règle l'enseignement de chacune d'elles.

J'admets de grand cœur l'autorisation donnée aux communes de créer des écoles; mais je repousse la division en deux classes établie dans la loi; je repousse avec une conviction plus profonde encore le programme impératif à l'aide duquel on y règle le mode d'enseignement.

Vous avez déjà accordé la liberté d'enseignement aux colléges particuliers; vous avez exigé seulement de chaque chef d'institution qu'il présentât son programme au ministre de l'instruction publique : aucune sanction n'est nécessaire. Maintenant je ne comprends pas, je l'avoue, pourquoi l'on n'accorderait pas une liberté aussi naturelle, aussi grande, aussi raisonnable aux colléges communaux. Comment n'accorderait-on pas au zèle, à la capacité, à l'intelligence des conseils municipaux, ce qu'on a accordé sans difficulté à un simple individu?

Messieurs, nous avons beaucoup trop de tendance à croire que toutes les capacités sont réunies à Paris; c'est une erreur manifeste contre laquelle je proteste de toute la puissance de mes convictions.

Conduit par mon goût, et souvent aussi par des missions, à parcourir la plus grande partie de la France, je ne me suis jamais arrêté dans une ville de dix ou douze mille âmes, sans y rencontrer des personnes instruites, capables, zélées, et même quelquefois des hommes éminents, des hommes de génie, qui étaient totalement inconnus à Paris. Ces bons citoyens, ces citoyens utiles, vivaient dans la retraite, dans leur cabinet, par la raison toute simple que l'administration n'avait pas confiance en eux, parce qu'elle ne leur aurait pas donné des occupations dignes de leur capacité et de leur patriotisme. Employez, réunissez en faisceau ces hautes intelligences aujourd'hui délaissées, et vous en verrez surgir d'immenses, de magnifiques résultats.

Mais, dira-t-on, ne voyez-vous pas qu'en livrant l'organisation des colléges communaux au libre arbitre des conseillers municipaux, il arrivera pour quelques-uns de ces colléges qu'on y supprimera le grec et le latin, ou que, dans tous les cas, ces deux langues y seront très-négligées!

Messieurs, ce serait peut-être un malheur; mais je

m'y résignerais sans un très-grand chagrin. Trente ans d'une vie académique m'ont mis en rapport avec la plupart des notabilités scientifiques et littéraires de notre temps. J'ai vécu avec beaucoup d'entre elles dans l'intimité; eh bien! je le dis sans hésiter, plusieurs de ces personnages célèbres, quoiqu'ils eussent attaché leurs noms à des découvertes importantes, avaient quelque chose d'incomplet, d'inachevé, parce qu'ils ne s'étaient pas livrés à des études littéraires. Je ne m'arrêterai pas, au reste, à la question de fait; le fait, je l'expliquerai, j'en donnerai la raison.

Un sculpteur ne sait guère quelle sera la valeur du groupe qu'il a rêvé qu'après l'avoir modelé. Un peintre ne connaît ce qu'il y aurait de défectueux dans le tableau qu'il va produire qu'après en avoir tracé l'ébauche.

Eh bien! je dis aussi qu'on ne voit le côté faible, le côté vulnérable de la pensée qu'après l'avoir rédigée, qu'après lui avoir donné une forme; c'est alors, et alors seulement, qu'on l'améliore, qu'on lui donne toute la généralité dont elle est susceptible, qu'on la revêt des couleurs qui doivent la rendre populaire. Cette habitude, cette habileté de rédaction, je la regarde comme nécessaire à tout homme d'étude, comme indispensable; mais je maintiens qu'on peut l'acquérir sans passer nécessairement par le grec et par le latin. Vous voyez que je prends les études littéraires un peu plus au sérieux que certaine notabilité universitaire qui, je m'empresse de le dire, ne siége pas dans cette enceinte, et qui s'exprimait ainsi :

« La poésie et les lettres donnent plus de grâce à la galanterie et plus de délicatesse au plaisir. »

Les lettres se présentent à mon esprit d'une manière plus noble, plus grande, plus digne.

Je réclame des études classiques, je les demande, je les regarde comme indispensables; mais je ne pense pas qu'elles doivent être nécessairement grecques et latines.

Je désire que dans les écoles communales, et je ne parle que de celles-là, ces études soient remplacées, au gré des conseils municipaux, par l'étude de notre propre langue, par l'étude approfondie du français ; je veux que, dans chaque collége, on puisse substituer au grec et au latin l'étude d'une langue vivante ; je demande même que cette langue puisse changer suivant les localités ; qu'à Perpignan et à Bayonne ce soit, par exemple, l'espagnol ; au Havre, l'anglais ; à Besançon, . l'allemand. Je m'en rapporterais, en un mot, sur tout cela, au libre arbitre des conseils municipaux ; j'ai confiance en eux, et j'ai la certitude que cette confiance ne sera pas trompée.

Il faut maintenant que je parcoure la série de difficultés qu'on a élevées contre le système que je soutiens, système de liberté que je ne déserterais pas, alors même qu'on le gratifierait de système de liberté indéfinie.

« Les études classiques, nous dit-on, les lettres *grecques et latines* doivent être le principal, car *c'est là la vraie culture de l'esprit et de l'âme.* »

Qu'est-ce à dire ? Pascal, Fénelon, Bossuet, Montesquieu, Rousseau, Voltaire, Corneille, Racine, Molière, l'incomparable Molière, seraient privés du privilége si libéralement accordé aux anciens auteurs, d'éclairer, de développer l'esprit, d'émouvoir le cœur, de faire vibrer les ressorts de l'âme ! Dieu me garde de vous faire l'injure de réfuter en détail une pareille hérésie.

« Sans latin et sans grec, aucune intelligence ne se développpe. »

Messieurs, au milieu des passions politiques les plus exaltées, il est un point sur lequel aucune dissidence d'opinion ne s'est jamais montrée ; je veux parler de la force de tête, de l'intelligence incomparable du grand homme qui est mort à Sainte-Hélène ; eh bien ! ce grand homme, eh bien ! Napoléon ne savait pas le latin !

Remarquez bien, messieurs, que cette citation n'est

pas contraire à mon système, car Napoléon avait fait des
études profondes de *la littérature française;* car il con-
naissait tous nos auteurs, car il les admirait et les citait
à propos; car il avait passé sa vie avec Plutarque, non
pas dans l'original, mais dans la traduction d'Amyot.

« Sans latin et sans grec on est un médiocre écrivain.»

Remarquez, messieurs, il est bon que je le répète,
que je ne prétends point que le latin et le grec ne forment pas le goût, ne sont pas un moyen de succès; ma
thèse se réduit à dire qu'ils ne sont pas indispensables.

On prétend, je cite toujours des opinions universitaires, qu'on ne sait jamais sa langue quand on n'a pas
appris une langue étrangère.

Si l'assertion était vraie, je répondrais, quant à moi,
que je ne proscris pas l'enseignement des langues étran-
gères; que, d'après mes idées, au contraire, on ensei-
gnerait les langues vivantes partout; qu'ici ce serait
l'italien; là l'allemand; ailleurs l'anglais, parce que je
ne vois pas l'utilité de colléges communaux taillés exac-
tement sur le même patron. Mais la proposition, vue
en elle-même, me paraît très-contestable.

Qu'on me dise en effet quelle langue étrangère
Homère, Euripide, Aristote, Platon, avaient apprise;
ils étaient devenus d'immortels écrivains en apprenant
simplement le grec. Je ne suppose pas en vérité qu'on
vienne parler d'égyptien, car toutes les merveilles qu'on
ferait émaner de l'antique patrie des Pharaons sont sin-
gulièrement déchues depuis qu'on est parvenu à déchif-
frer quelques hiéroglyphes.

Ne croyez pas que le latin suffise aux notabilités universitaires! Il leur faudra du grec, n'en fût-il pas au
monde! écoutez plutôt :

« *Je ne puis comprendre* un professeur de *sixième,*
qui ferait expliquer les fables de *Phèdre,* sans être en
état de citer perpétuellement les fables d'*Ésope.* »

En géométrie, nous employons souvent une méthode

imaginée par les anciens, et qu'on appelle la *méthode de la réduction à l'absurde*. Lorsque la fausseté d'une proposition n'est pas évidente, nous la prenons un moment pour vraie ; nous en tirons des conséquences successives, et il est rare que, dans cette série indéfinie de déductions logiques, il ne s'en rencontre pas quelqu'une dont l'absurdité saute aux yeux. Ici la première suffira : il résulterait, en effet, de la prétention du dignitaire de l'Université, cette conséquence *burlesque* que La Fontaine, que cet inimitable La Fontaine, de qui Fontenelle disait : « *C'est par bêtise* qu'il se croit inférieur à Phèdre ; » qu'un poète qui fait le charme, les délices des lecteurs de tous les âges, n'aurait pas été admis à professer la sixième, à expliquer le fabuliste latin, car La Fontaine n'avait pas lu Ésope dans l'original, car La Fontaine ne savait pas le grec.

Un élève n'a fini sa philosophie dans les colléges royaux qu'à dix-huit ans. Je suppose que cet élève veuille entrer à l'École polytechnique ; il y a maintenant pour cette École une immense concurrence : deux années d'études ne sont pas trop pour y entrer ; l'élève est admis dans sa vingtième année. Après avoir passé deux ans à l'École polytechnique, il est obligé d'aller à l'École d'application d'artillerie ou du génie à Metz, à l'École des mines ou à l'École des ponts et chaussées.

Le noviciat à l'École de Metz est de deux ans, et dans l'École des ponts et chaussées, de trois. Les élèves en sortent donc avec le grade de sous-lieutenant ou le grade fort minime d'ingénieur ordinaire des ponts et chaussées à l'âge de vingt-quatre ou de vingt-cinq ans. Ils sont désespérés de se voir à cet âge aussi peu avancés dans leur carrière.

Vous savez que les soldats, engagés pour cinq ans dans un régiment, disent, au bout de cinq jours qu'ils ont encore quatre ans et trois cent soixante jours à faire. Il en est à peu près de même des élèves sortant des écoles d'application ; ils ne regardent leur entrée dans les armes spéciales que comme pis aller, et ne songent qu'à en sortir pour entrer dans un établissement particulier ; ils n'y restent souvent qu'à contre-cœur.

Jusqu'ici j'avais bien entendu parler d'une manière défavorable des études scientifiques, mais je n'avais jamais entendu dire qu'elles faussassent l'esprit ; car on les considère généralement comme des cours de logique sèche, aride, si l'on veut, mais comme des cours de logique. Je ne sais pas comment, en habituant l'esprit à raisonner, on arriverait à fausser le jugement. L'étude de la géométrie est évidemment un cours de logique. Dans tous les cas, je demande si le besoin de l'administration n'est pas plutôt de créer des hommes de sens, utiles au pays, que des hommes d'imagination. Oh ! ces imaginations qui peuvent ennoblir de grandes pensées, qui peuvent concourir à la gloire nationale, sauront bien se faire jour. Mais votre but est de créer des hommes utiles à eux-mêmes et au pays, et malheureusement il n'y en a pas beaucoup qui se trouvent dans cette catégorie.

En tous cas, je n'admets pas que les études scientifiques flétrissent l'esprit, qu'elles dessèchent le cœur et énervent les ressorts de l'âme. Je n'aurais qu'à citer les noms propres pour faire tomber ces reproches et en prouver la fausseté. Pascal, quelle a été sa vie ? comment a-t-il été élevé ? Dans une académie des sciences, dans la compagnie de Mercenne, Roberval, de Carcavi, etc., qui ne lui parlaient que de sciences.

« Les études scientifiques n'ont rien qui puisse émouvoir les ressorts de l'âme ! »

Je suis étonné de ne pas voir arriver à la suite de cet aphorisme une certaine anecdote qui court tous les recueils d'*ana*. On prétend qu'un géomètre de l'Académie des sciences, qui assistait à la représentation d'une pièce de Racine, s'écria : « Qu'est-ce que cela prouve ? »

Ce prétendu géomètre avait grand tort, car les tragédies de Racine prouvent toutes quelque chose. C'est un mérite que l'on reconnaît aux tragédies de Racine, et à toutes les parties de ses tragédies. Dans tous les cas, j'aurais pu répondre à l'anecdote par des anecdotes qui ne sont peut-être pas plus vraies, et qui concernent certains grammairiens qui ont commencé leur entrée dans le monde par l'étude de la grammaire.

Mais je dis que le fait n'est pas vrai, et qu'il a été attribué à une personne plus littérateur que géomètre, à Lagny, géomètre assez peu connu, mais très-remarquable par des succès précoces dans l'étude des lettres.

Permettez-moi de vous rapporter un fait qui montrera quelle distance il y a entre le vrai et la Fable. Je demande pardon à la chambre de lui parler d'objets de cette nature. (Parlez ! parlez ! n'abrégez pas !)

Euler, le grand Euler était très-pieux; un de ses amis, ministre dans une église de Berlin, vint lui dire un jour : « La religion est perdue, la foi n'a plus de bases, le cœur ne se laisse plus émouvoir même par le spectacle des beautés, des merveilles de la création. Le croiriez-vous? j'ai représenté cette création dans tout ce qu'elle a de plus beau, de plus poétique et de plus merveilleux; j'ai cité les anciens philosophes et la Bible elle-même : la moitié de l'auditoire ne m'a pas écouté, l'autre moitié a dormi ou a quitté le temple. — Faites l'expérience que je vais vous indiquer, repartit Euler : au lieu de prendre la description du monde dans les philosophes grecs ou dans la Bible, prenez le monde des astronomes ; dévoilez le monde tel que les recherches astronomiques l'ont constitué. Dans le sermon qui a été si peu écouté, vous avez probablement, en suivant Anaxagoras, fait du soleil une masse égale au Péloponèse. Eh bien ! dites à votre auditoire que, suivant des mesures exactes, incontestables, notre soleil est douze cent mille fois plus gros que la terre.

« Vous avez sans doute parlé de cieux de cristal emboîtés ; dites qu'ils n'existent pas, que les comètes les briseraient ; les planètes, dans vos explications, ne se sont distinguées des étoiles que par le mouvement ; avertissez que ce sont des mondes ; que Jupiter est mille quatre cents fois plus grand que la terre, et Saturne neuf cents fois ; décrivez les merveilles de l'anneau ; parlez des lunes multiples de ces mondes éloignés. En arrivant aux étoiles, à leurs distances, ne citez pas de lieues : les nombres seraient trop grands, on ne les apprécierait pas ; prenez pour échelle la vitesse de la lumière ; dites qu'elle parcourt quatre-vingt mille lieues par seconde ; ajoutez ensuite qu'il n'existe aucune étoile dont la lumière nous vienne *en moins* de trois ans ; qu'il en est quelques-unes à l'égard desquelles on a pu employer un moyen d'observation particulier, et dont la lumière ne nous vient pas en moins de trente ans.

« En passant des résultats certains à ceux qui n'ont qu'une grande probabilité, montrez que, suivant l'apparence, certaines étoiles pourraient être visibles plusieurs millions d'années après avoir été anéanties : car la lumière qui en émane emploie plusieurs millions d'années à franchir l'espace qui les sépare de la terre. »

Tel fut, messieurs, en raccourci, et seulement avec quelques modifications, dans les chiffres, le conseil que donnait Euler. Le conseil fut suivi : au lieu du monde de la Fable, le ministre découvrit le monde de la science. Euler attendait son ami avec impatience. Il arrive, enfin, l'œil terne et dans une tenue qui paraissait indiquer le désespoir. Le géomètre, fort étonné, s'écrie : « Qu'est-il donc arrivé ? — Ah ! monsieur Euler, répondit le ministre, je suis bien malheureux ; ils ont oublié le respect qu'ils devaient au saint temple, ils m'ont applaudi. » (Mouvement.)

*Extrait du discours de* M. Pouillet, *administrateur du Conservatoire, prononcé à l'ouverture des cours du Conservatoire, le 28 novembre* 1847.

La force des choses a voulu que toutes ces modifications émanassent d'une seule et unique pensée : l'alliance des sciences et des arts.

Le Conservatoire est en effet le lien entre la théorie et la pratique, c'est-à-dire entre l'Académie et l'atelier, entre les rapides découvertes qui étendent sans cesse le vaste horizon des sciences abstraites et les découvertes non moins rapides qui perfectionnent sans cesse les moyens d'exécution et de production.

Le génie des sciences et le génie des arts industriels sont frères, ils se donnent la main et marchent d'un pas égal pour éclairer le monde et pour le civiliser.

Considérées en elles-mêmes et dans leur plus profonde abstraction, les sciences sont belles sans doute, puisqu'elles élèvent notre intelligence jusqu'aux limites où il lui est donné d'atteindre dans la connaissance des phénomènes naturels et des lois qui les régissent.

Mais si nous les considérons dans leurs applications, elles sont en quelque sorte plus belles et plus fécondes, puisqu'elles s'occupent alors de nos besoins sociaux et de toutes les exigences de notre nature. Elles viennent prêter leur concours à l'agriculture, et à tous ces arts si nombreux, si divers, qui sont comme l'élément le plus indispensable de notre civilisation.

Que l'on jette en effet un rapide coup d'œil sur l'ensemble du sol cultivé de la France, sur l'ensemble de ces fabriques, de ces manufactures, de ces ateliers de toute sorte, où s'élaborent les matériaux de notre commerce intérieur et extérieur, on reconnaîtra bientôt qu'il n'est pas un seul de ces centres de production où quelques principes des sciences ne puissent utilement trouver leur place, soit pour produire une économie, soit pour ajouter un perfectionnement.

On dit quelquefois que le hasard est le père des découvertes : cela est vrai, le hasard a fait des merveilles, et il est certain qu'il en fera encore; mais, si nous voulons être prévoyants, ne lui abandonnons que ce que la science ne peut pas lui ravir. Ceux qui seraient tentés d'attendre avec confiance ses inspirations, doivent se rappeler deux vérités :

La première, que le hasard n'a jamais fait de grandes choses que pour les hommes de génie; il semble mépriser l'ignorance. La seconde, qu'à ses plus chers favoris il ne donne jamais un édifice, mais les matériaux pour le faire s'ils en sont capables.

Combien d'exemples ne pourrais-je pas citer pour justifier cette pensée?

. . . . . . . . . . . . . . . . . . . . . . . . .

Non, les affaires humaines ne sont point livrées au hasard; elles sont dévolues à l'intelligence, à la culture de l'esprit, au labeur persévérant; voilà, dans tous les temps et maintenant plus que jamais, voilà ce qui a élevé, ce qui élève sans cesse l'humanité, ce qui forme les grandes nations;

Voilà pourquoi il faut cimenter l'union des sciences et de l'industrie, afin que la science apprenne une foule de choses qu'elle ignore, et qu'à son tour, l'industrie reçoive en échange des principes qui pourront la guider plus sûrement dans sa marche rapide.

*Extrait du discours de* M. Cunin-Gridaine, *ministre du commerce et des travaux publics, à l'ouverture des cours du Conservatoire, le* 28 *novembre* 1847.

Ainsi, d'année en année, nous voyons croître cet arbre de la science industrielle dont la fécondité se répand sur la France en germes actifs de richesse et de travail intelligent. Et aujourd'hui, Messieurs, qu'arrivé au terme de ma longue carrière industrielle, je viens, ministre d'un roi ami des arts et de la paix, inaugurer ce nouvel amphithéâtre, j'éprouve une émotion profonde en me trouvant ainsi associé aux progrès d'un enseignement, source de grandeur et de force pour notre glorieuse patrie.

. . . . . . . . . . . . . . . . . . . . . . . . . . .

Ainsi, sur tous les points, dans toutes les sphères de l'activité humaine, le travail a noblement reconquis ses droits; la France de 1830 peut à juste titre se montrer fière de ses nombreuses et pacifiques conquêtes. Longtemps l'exercice de l'industrie avait pu n'être que l'exploitation manuelle des métiers; mais avec la liberté tous les arts sont devenus libéraux.

. . . . . . . . . . . . . . . . . . . . . . . . . . .

Honneur donc soit rendu à la science, dont le rayonnement répand au loin sur tous les arts utiles la lumière et la fécondité. Honneur à vous, messieurs les professeurs, dont les travaux répondent si dignement à la haute mission du Conservatoire. Les découvertes scientifiques propagées par votre enseignement entrent chaque jour dans le domaine de l'industrie, et l'industrie, à son tour, révélant de nouveaux besoins, fournit au génie de l'investigation scientifique un inépuisable aliment. Dans cette alliance de la pratique et de la théorie, dans cette union intime de toutes les forces de l'esprit, le développement de la prospérité matérielle, réagissant sur l'intelligence, devient l'un des éléments du progrès des connaissances humaines. Si nous devons aux applications de la mécanique et de la chimie, à celles de la physique et à l'emploi de la vapeur comme puissance motrice, d'immenses perfectionnements ; si nous leur devons cette grande révolution, qui, au profit de la civilisation et de l'humanité, s'est opérée dans toutes les branches du travail, n'est-il pas vrai que la mécanique, la physique et la chimie, recevant l'impulsion de l'industrie, lui sont redevables à leur tour de ces heureux efforts, de cette laborieuse persévérance, qui ont enfanté, qui enfantent chaque jour les plus brillantes découvertes?

———

*Extrait du discours de* M. A. Morin, *membre de l'Institut, professeur de mécanique, à l'ouverture des Cours du Conservatoire, le* 28 *novembre* 1847.

Tous les arts industriels ont fait de tels progrès qu'il ne suffit plus aujourd'hui de posséder cette pratique vulgaire, qui, vaine de son ancienneté, se décore du nom de l'expérience, tandis qu'elle n'est souvent qu'une aveugle routine. Il faut, sous peine d'être dépassé par ses rivaux, ou de succomber devant les difficultés, être guidé par des principes certains qui indiquent la marche à suivre et permettent de prévoir les résultats. Et si cette nécessité d'approfondir l'étude des arts que l'on cultive, d'appeler à l'aide de l'industrie les lumières de sa science et d'étendre sans cesse le cercle de son instruction, presse les individus, elle n'est pas moins impérieuse pour les nations.

Aussi voyons-nous tous les peuples de l'Europe s'efforcer à l'envi, avec des succès qui doivent nous préoccuper vivement, de propager, de développer l'enseignement des sciences appliquées. Si la France possède encore la supériorité sous le rapport de la science elle-même, évitons qu'elle ne la perde sous celui de la diffusion des connaissances et de leur propagation.

. . . . . . . . . . . . . . . . . . . . . . . . .

Mais il ne suffit pas de développer et d'enrichir ce foyer central de l'enseignement industriel dont l'influence ne s'étend guère au delà de sa capitale. C'est sur le pays tout entier, dans les grands centres de production, de culture et de commerce que le bienfait de cet enseignement doit être répandu avec profusion.

Déjà cette nécessité est apparue irrésistible à l'Université, et l'antique Sorbonne s'associant au mouvement général des esprits a, par une honorable initiative, proposé la création de plusieurs cours de sciences appliquées, destinés à former des professeurs appelés à les répandre dans les colléges et dans les cités industrielles.

. . . . . . . . . . . . . . . . . . . . . . . . .

Mais ce serait peu encore de créer des cours, d'appeler à les professer les hommes les plus distingués dans l'étude des sciences appliquées, si l'on ne mettait largement à la disposition de leurs auditeurs les moyens d'étude et de travail indispensables pour en profiter. Malgré la tendance de notre époque, qui semble si souvent préférer les discours aux actions et les paroles au savoir, je ne crains pas de dire qu'en fait d'enseignement scientifique et industriel, les professeurs les plus habiles, les leçons les plus éloquentes ne produiraient que peu de fruits, si les auditeurs ne pouvaient ensuite trouver, dans nos bibliothèques et dans nos collections publiques de dessins et de modèles, les moyens d'études et d'investigations qui forment le complément indispensable de cet enseignement.

Avec un enseignement préparatoire bien coordonné dans les colléges et dans les écoles primaires, des cours publics soumis à une bonne direction générale, des bibliothèques composées d'ouvrages peu nombreux, mais bien choisis, des collections de dessins et de modèles appropriés aux industries les plus importantes de chaque localité, nous verrions bientôt, grâce à la rapide intelligence de la nation, se répandre partout les notions scientifiques les plus usuelles et les plus utiles.

---

*Extrait d'un discours prononcé à l'Hôtel de ville par M. PERDONNET, professeur à l'École centrale, président du comité d'enseignement de l'Association polytechnique, sur le bien-être que procure la science.*

MESSIEURS,

Notre honorable président, M. de Tracy, vous disait, l'année dernière, que l'Association polytechnique était née pour ainsi dire dans la fumée des barricades. L'Association polytechnique, en effet, est fille de la révolution de Juillet, comme l'École polytechnique est fille de celle de 1789. Nous aimons, Messieurs, à évoquer chaque année ces glorieux souvenirs, parce que nous sommes toujours pénétrés de ces principes de liberté, de modération et de respect aux lois qui ont caractérisé cette immortelle révolution ; parce que nous n'oublierons jamais qu'en ces mémorables journées, les élèves de l'École polytechnique ont contracté sur le champ de bataille, avec les ouvriers, une alliance indestructible dont cet enseignement est un des gages les plus précieux.

Sous ce rapport, c'est un devoir pour nous de signaler à l'attention du gouvernement la pénurie déplorable de la plupart de nos bibliothèques publiques, de réclamer en faveur des ouvrages et des collections scientifiques une part spéciale dans la répartition des crédits affectés à ces établissements.

En fondant l'Association polytechnique, les élèves de l'École polytechnique n'ont fait, du reste, qu'acquitter une dette déjà bien ancienne. L'un des plus illustres fondateurs de cette école, le célèbre Monge, n'était qu'un simple tailleur de pierre parvenu par son mérite aux plus hautes dignités de l'État. Les élèves de Monge, en répandant parmi les ouvriers les bienfaits de l'instruction, ne font donc que leur rendre ce qu'ils doivent eux-mêmes à un ouvrier. Mais puisque nous rappelons l'origine de l'Association polytechnique, rappelons aussi, pour être justes, pour ne pas être ingrats, que si les élèves de l'École polytechnique l'ont fondée, ils ne l'ont pas seuls soutenue, ils ne l'ont pas seuls développée. De même qu'en Juillet 1830, ils ont trouvé de dignes auxiliaires dans les ouvriers de nos fabriques, de même, quelques années plus tard, ils ont rencontré d'utiles collaborateurs dans d'autres hommes, aussi ouvriers, ouvriers de la pensée. Grâces soient rendues à ces hommes de dévouement! Ils ont soutenu la bannière de l'École polytechnique dans des moments difficiles, comme les ouvriers l'ont soutenue en Juillet. Comme les ouvriers aussi, il sont devenus nos alliés, nos amis, nos frères.

Ce fut ici même, Messieurs, ce fut à l'Hôtel de ville, encore sanglant du combat de la veille, que l'Association polytechnique inaugura ses cours; ce fut aussi au château de Saint-Cloud, converti momentanément en hôpital, où les élèves de l'École allèrent porter l'instruction aux blessés comme une noble distraction à leurs douleurs. Mais bientôt l'Hôtel de ville ayant été rendu

à sa destination primitive, nous fûmes obligés de trans-
porter notre quartier-général au cloître Saint-Méry. Il
était difficile, dans ce temps de fièvre politique, de trouver chez tous le calme et la modération qui n'appartien-
nent qu'à quelques hommes véritablement forts, véritablement courageux. Ainsi avons-nous vu l'avenir de
l'Association compromis un moment par la fougue, par
le zèle irréfléchi de quelques-uns de nos collègues ; mais
une institution si utile, une institution si populaire, ne
devait pas périr. L'autorité ne tarda pas à reconnaître
que l'erreur de quelques-uns n'était pas celle de la majo-
rité ; elle ne tarda pas à nous rendre toute sa confiance,
et depuis ce jour, Messieurs, la protection de M. le ministre de l'instruction publique, la protection des autorités municipales ne nous a jamais fait défaut. Elle nous
a été accordée tout entière de la manière la plus libérale
et telle que nous avions droit de l'attendre du gouvernement issu de Juillet. Permettez-moi donc, Messieurs,
de me faire l'interprète de notre reconnaissance commune. Encouragée par cette haute protection, encouragée
par l'approbation de tous les gens de bien, encouragée
surtout par votre zèle, votre assiduité, l'Association polytechnique a voulu qu'aucun des quartiers de Paris ne
fût privé des avantages qu'elle pouvait leur offrir. Elle a
établi ses cours dans presque tous : rue de Ponthieu,
près des Champs-Élysées ; à la mairie des Petits-Pères,
près le Palais-Royal ; rue des Vinaigriers, près le canal
Saint-Martin ; au faubourg Saint-Antoine ; à la place de
l'Estrapade, et sur plusieurs autres points. Mais le succès n'ayant pas répondu complétement à son attente, elle
se vit obligée de concentrer tous ses efforts sur une
seule localité centrale, la Halle aux draps. Une épreuve
de dix-huit ans cependant ne nous a pas paru con-
cluante ; elle ne nous a pas découragés, et nous venons
vous en offrir la preuve aujourd'hui. L'Association a
loué, rue Sainte-Croix de la Bretonnerie, de nouvelles

salles, elle a organisé dans ces nouvelles salles tout un système nouveau de cours, et elle compte y placer une bibliothèque à la disposition des ouvriers. Voisin de l'Hôtel de ville et du cloître Saint-Méry, qui furent les berceaux de notre enseignement, ce local attirera sans doute le même nombre d'auditeurs, et nos jeunes professeurs, inspirés par l'exemple de leurs devanciers, ne seront sans doute ni moins zélés, ni moins dévoués, ni moins habiles.

Quant à nous, vétérans de l'Association polytechnique, si notre corps a vieilli, notre cœur n'a pas changé. Nos sentiments de dévouement aux ouvriers sont restés les mêmes. Ce que nous voulions en 1830, nous le voulons encore aujourd'hui ; nous le voulons avec la même énergie. Nous voulons donner aux ouvriers la science, non la science qui enorgueillit et qui conduit à mépriser toute supériorité, mais la science qui apprend, au contraire, à être modeste et à honorer avant tout, par-dessus tout, le mérite, la vertu, le travail, le dévouement au bien public ; non la science qui ne vous montre le bonheur que dans des régions où vous ne vivez pas, mais la science qui vous enseigne que si la condition de l'ouvrier est modeste, elle peut être heureuse et glorieuse aussi pour celui qui se distingue par son talent, sa probité, son patriotisme ; non la science dont le flambeau est une torche incendiaire, mais la science qui éclaire et qui vivifie, la science qui adoucit les mœurs ; non la science enfin qui dessèche le cœur et qui afflige l'âme, mais la science qui console et qui moralise... En 1789, en 1830, le peuple a reconquis sa liberté ; mais il ne suffit pas de conquérir, il faut conserver, affermir, étendre la conquête. Et le meilleur moyen pour cela, le seul moyen, pour ainsi dire, c'est l'instruction. Demandez, Messieurs, demandez à ces représentants d'une nation qui nous a précédés dans les voies de la liberté, à ces étrangers illustres dont la présence à cette séance est un honneur pour nous, et ils vous diront les merveilles que l'instruction a enfantées aux États-Unis. Ainsi, Messieurs, lorsque nous vous instruisons, nous complétons, nous fécondons l'œuvre de 1789, l'œuvre de 1830. En combattant avec le peuple, nous n'avons rempli que la moitié de notre tâche ; nous ne croirons l'avoir accomplie tout entière, que lorsque nous l'aurons instruit.

---

Nous avions l'espoir de reproduire les nobles paroles prononcées par M. de Salvandy, ministre de l'instruction publique qui présidait à la solennité de la distribution des prix de l'association polytechnique, et nous regrettons d'autant plus de ne pouvoir transmettre ce discours, que M. de Salvandy, usant de son droit de président, venait d'honorer une nation amie dans la personne de deux délégués des États-Unis d'Amérique ; heureux à-propos qui a fait trouver à l'orateur une inspiration généreuse et d'une haute éloquence, où se décelait une intention ferme et sincère d'accomplir dans toute son étendue la mission glorieuse et difficile de régénérer, dans toutes ses branches, l'enseignement public en France, et de l'approprier à ses destinées futures.

Cette brillante improvisation a obtenu l'unanime assentiment de la très-nombreuse assemblée que pouvait à peine contenir la salle Saint-Jean de l'Hôtel de ville.

Nous n'étions pas préparé à recueillir ce discours, et

malgré les démarches que nous avons faites, à l'instant même, il nous a été impossible d'en avoir une copie, regrettant notre inexpérience à cet égard, et dans la crainte d'affaiblir la pensée en cherchant à la reproduire telle qu'elle nous est apparue, nous préférons laisser notre tâche incomplète.

# BIBLIOTHÈQUE

# SCIENTIFIQUE - INDUSTRIELLE

## (PROFESSIONNELLE).

## Catalogue des Livres qui composent cette Bibliothèque.

I. Sciences mathématiques. — II. Mathématiques appliquées. — III. Mécanique appliquée. — IV. Physique. — V. Chimie. — VI. Sciences naturelles. — VII. Agriculture. — VIII. Art des constructions. — IX. Arts d'imitation. — X. Économie politique. — XI. Technologie. — XII. Polygraphie.

NOTA. Tous les titres précédés d'un — sont du même auteur que l'ouvrage porté immédiatement au-dessus.

Les renvois entre parenthèses indiquent la division et le § où le titre de l'ouvrage figure au complet.

Le prix manquant indique un ouvrage épuisé.

On trouvera le détail des titres sur le Catalogue de la Librairie scientifique industrielle, où tous les ouvrages sont classés par ordre alphabétique des noms d'auteur.

## I. SCIENCES MATHÉMATIQUES.

### § A. CALCUL.

#### 1. Arithmétique.

1. **Adhémar (J.)**, Arithmétique, Algèbre, 2 vol. in-8. 1841-45.  8  »
2. **Alaize Billy**, Cours de mathématiques de Saint-Cyr, 3ᵉ édition, 1 vol. in-8. 1843.  7 50
3. **Bourdon**, Leçons d'arithmétique, nouv. édit., 1 vol. in-8. stér.  5  »
4. **Carlier**, Éléments d'arithmétique à l'usage des aspirants aux Écoles du gouvernement, 1 vol. in-8. 1837.  5  »
5. **Cirodde**, Leçons d'arithmétique, nouv. édit., 1 vol. in-8. 1848. 4  »
6. **Francœur (L. B.)**, Cours complet de mathématiques pures, 2 vol. in-8, et planches. 1837.  15  »
7. **Guy**, La Division abrégée, in-8. 1845.  1 50
8. **Jariez (J.)**, Arithmétique à l'usage des élèves des Ecoles d'arts et métiers, 2ᵉ édition, in-8. 1848.  3 50
9. **Woisard (J.-L.)**, Arithmétique appliquée aux spéculations commerciales et industrielles, 2 parties in-8. 1836.  6  »

## 2. Algèbre.

1. **Bourdon**, Eléments d'algèbre, 9ᵉ édition, 1 fort vol. in-8. 1843. 8  »
2. **Cirodde**, Leçons d'algèbre, nouvelle édition, 1 vol. in-8. 1848. 7 50
3. **Gentil**, Traité d'algèbre, 2 vol. in-4. 1846.                     15  »
4. **Jariez**, Algèbre à l'usage des élèves des Écoles royales d'arts et métiers, in-8. 1848.                                                5 50
5. **Lacroix**, Eléments d'algèbre, nouvelle édit., 1 vol. in-8 stér.  7 50
6. **Lefebure de Fourcy**, Traité d'algèbre, 6ᵉ édition, 1 vol. in-8. 1846.                                                               7 50
7. **Mayer et Choquet**, Traité élémentaire d'algèbre, 4ᵉ édition, revue et corrigée, 1 vol. in-8. 1845.                                    7 50
8. **Serret (J.-A.)**, Cours d'algèbre supérieure professé à la Faculté des sciences de Paris, 1 vol. in-8. 1849.                          7 50

## 3. Calcul différentiel et intégral.

1. **Belanger**, Résumé des leçons, etc. (Voyez I, § C).
2. **Cournot**, Traité élémentaire de la théorie des fonctions et du calcul infinitésimal, 2 vol. in-8. 1841.                              16  »
3. **Duhamel**, Cours d'analyse, etc. (Voyez I, § C).
4. **Lacroix**, Traité élémentaire de calcul différentiel et de calcul intégral, 1 vol. in-8. 1827.                                        10  »
5. **Lagrange (J.-L.)**, Traité de la résolution des équations numériques de tous les degrés, 3ᵉ édition, in-4. 1826.                      15  »
6. **Moigno**, Leçons de calcul différentiel et intégral, 2 volumes in-8. 1844.                                                           »  »
7. **Navier**, Résumé des leçons d'analyse données à l'Ecole polytechnique, suivi de notes par M. Liouville, 2 vol. in-8. 1841.    10  »
8. **Reynaud et Duhamel**, Problèmes et Développements sur diverses parties des mathématiques. 1 vol. in-8. 1823.                   7 50

# § B. ÉTENDUE.

## 1. Géométrie élémentaire.

1. **Adhémar**, Géométrie, 3 vol. in-8, dont 1 de planches. 1841. 12  »
2. **Bergery (C.-L.)**, Géométrie appliquée à l'industrie, 3ᵉ édition, 1 vol. in-8. 1835.                                               6  »
3. **—** Géométrie des courbes, in-8. 1844. 2ᵉ édition.               7  »
4. **Bobilier**, Géométrie à l'usage des Ecoles d'arts et métiers, 9ᵉ édition, 1 vol. in-4. 1848.                                       8  »
5. **Cirodde**, Leçons de géométrie, 1 vol. in-8. 1843.             7 50
6. **Legendre (A.-M.)**, Eléments de géométrie et de trigonométrie, nouv. édit. avec add. et modif. par M. Blanchet, 1 vol. in-8. 1846. 7  »

7. **Sonnet**, Géométrie théorique et prat., 2ᵉ édit., 2 v. in-12. 1848. 5 »
8. **Vincent**, Cours de géométrie élémentaire, 5ᵉ édition, 1 vol. in-8, avec planches. 1844. 7 »

## 2. Géométrie descriptive.

1. **Adhémar**, Traité de géométrie descriptive pure, 2ᵉ édition, 1 vol. in-8, avec atlas in-folio. 1841. 20 »
2. **Bardin**, Notes et Croquis de géométrie descriptive, in-folio, 2ᵉ édit. cahier lithographié. 1837. 10 »
3. **Bertaux-Levillain**, Éléments de géométrie descriptive pour l'admission aux Écoles du gouvernement, 2 vol. in-8. 1847. 15 »
4. **Gascheau**, Géométrie descriptive, traité des surfaces réglées, in-8. 1829. 2 50
5. **Jariez**. Cours de géométrie descriptive, à l'usage des Écoles d'arts et métiers, 1 vol. in-8, avec planches. 1846. 5 »
6. **Lefebure de Fourcy**, Traité de géométrie descriptive, 4ᵉ édition, 1 vol. in-8, avec atlas. 1843. 10 »
7. **Leroy**, Traité de géométrie descriptive, à l'usage de l'École polytechnique, 2ᵉ édition, 2 vol. in-4. 1842. 20 »
8. **Monge**, Géométrie descriptive, 7ᵉ édition, augmentée d'une théorie des ombres et de la perspective, par M. Brisson, 1 vol. in-4, avec 28 planches. 1847. 12 »
9. **Olivier**, Cours de géométrie descriptive avec additions, 2 vol. in-4. 1845. 22 »
10. — Complément de géométrie descriptive, 2 vol. in-4, dont 1 de planches. 1845. 18 »
11. — Développements de géométrie descriptive, 2 vol. in-4. 1843. 18 »
12. **Poncelet**, Propriétés projectives des figures, 1 vol. in-4. 1822. » »
13. **Vallée** (**L.-L.**), Traité de géométrie descriptive, 2 vol. in-4, dont 1 de planches. 1845. 20 »

## § C. COMBINAISON DU CALCUL ET DE L'ÉTENDUE.

### Géométrie analytique. — Analyse appliquée. — Trigonométrie.

1. **Belanger**, Résumé de leçons de géométrie analytique etc., 1 vol. in-8. 1842. 6 »
2. **Biot**, Essai de géométrie analytique, 1 vol. in-8, 8ᵉ édit. 1841. 7 50
3. **Bourdon**, Applic. de l'algèbre à la géométrie. 1 fort vol. in-8. 7 50
4. **Briot et Bouquet**, Leçons nouvelles de géométrie analytique, précédées des éléments de la trigonométrie, 1 vol. in-8. 1847. 7 50
5. **Cirodde**, Leçons de géométrie analytique, précédées des Éléments de trigonométrie, 1 vol. in-8. 1846. 7 50

6. **Comte**, Géométrie analytique à deux et à trois dimensions, 1 vol. in-8. 1843.                                                              7 50
7. **Duhamel**, Cours d'analyse de l'Ecole polytechnique, 2ᵉ édition, 2 vol. in-8. 1847.                                                          10  »
8. **Lagrange**, Théorie des fonctions analytiques, nouvelle édition, revue par M. Serret, 1 vol. in-4. 1847.                                     18  »
9. **Lefebure de Fourcy**, Leçons de géométrie analytique, 4ᵉ édition, 1 vol. in-8. 1840.                                                         7 50
10. — Trigonométrie rectiligne et sphérique, in-8. 1840.                                                                                         2  »
11. **Leroy (F.)**, Analyse appliquée à la géométrie des trois dimensions, 3ᵉ édition, revue et corrigée, 1 vol. in-8. 1843.                      5  »

## § D. MÉCANIQUE RATIONNELLE.

1. **Arnott (Neil)**, Eléments de philosophie naturelle, trad. par T. Richard, 2 vol. in-8. 1830.                                               12 50
2. **Belanger**, Cours de mécanique, ou résumé des leçons sur la dynamique, la statique et leurs applications à l'art de l'ingénieur, tome Iᵉʳ in-8. 1847.                                                                                                          7  »
3. **Boucharlat**, Éléments de mécanique, 3ᵉ édition, 1 vol. in-8, avec planches. 1840.                                                           8  »
4. **Bresson**, Traité élémentaire de mécanique, 1 vol. in-4, avec atlas, 1841.                                                                  25  »
5. **Coriolis (G.)**, Traité de la mécanique des corps solides et du calcul de l'effet des machines, 2ᵉ édition, 1 vol. in-4. 1844.              15  »
6. **Coulomb**, Théorie des machines simples, en ayant égard au frottement de leurs parties, à la raideur de leurs cordages, etc., in-4, avec planches. 1841.                                                                                                     15  »
7. **Cournot**, Éléments de mécanique, traduit de l'anglais, de Kater et Lardner, 2ᵉ édition, 1 vol. in-12, avec planches. 1842.                 4 50
8. **Fischer**, Physique mécanique, trad. par Biot, 4ᵉ édition, avec des notes, 1 vol. in-8. 1830.                                               7 50
9. **Laboulaye**, Éléments de cinématique. (Voyez III, § C).
10. — Essai de mécanique géométrique (cinématique d'Ampère), grand in-8. 1846.                                                                   3  »
11. **Lagrange**, Mécanique analytique, 2 vol. in-4. 1815.                                                                                       40  »
12. **Lanz et Bétancourt**, Essai sur la composition des machines, 3ᵉ édit., 1 vol. in-4, avec atlas. 1840.                                      15  »
13. **Monge (Gaspard)**, Traité élémentaire de statique, à l'usage des Écoles de la marine, 6ᵉ édition, 1 volume in-8, avec planches 1826. »      »
14. **Morin**, Leçons de mécanique. (Voyez III, § A).
15. **Navier**, Résumé des leçons données à l'École des ponts-et-chaussées, sur l'application de la mécanique, etc., 1 vol. in-8. 1838.          9  »
16. **Olivier**, Théorie des engrenages destinée à transmettre le mouvement entre deux axes qui ne sont pas dans le même plan, 1 vol. in-4. 1842.                                                                                                                 10  »

17. **Peyré**, Notions de statique et de mécanique industrielle, à l'usage des élèves de l'École de St-Cyr, 4ᵉ édition, 1 vol. in-8 broché. 1845.     5 »

18. **Poinsot**, Éléments de statique, ouvrage adopté pour l'instruction publique, 6ᵉ édition, 1 vol. in-8. 1834.     6 50

19. **Poisson**, Traité de mécanique, 2 forts vol. in-8. 1833.     18 »

20. **Poncelet**, Introduction à la mécanique industrielle (Voyez III, § A).

21. **Prony**, Leçons de mécanique analytique, 2 vol. in-4. 1815.     30 »

22. **Richard**, Manuel d'applications mathématiques usuelles, etc., nouv. édition, 1 vol. in-18.     3 »

23. **Sonnet**, Premiers éléments de mécanique, 2 vol. in-12, avec planches. 1846.     4 »

## § E. Recueil de tables.

1. **Callet**, Tables de logarithmes, 1 très fort vol. grand in-8.     15 »

2. Carnet à l'usage des ingénieurs (Voyez III, § G).

3. **Genieys**, Tables par Cousinery (Voyez III, § G).

4. **Lalande**, Tables de logarithmes, 1 vol. in-12, édit. stéréot.     2 »

5. — La même, étendue à 7 décimales, par Marie, 1 vol. iu-12.   3 50

6. **Lalanne**, Abaque, compteur universel, in-12, avec tableau, 1846. 2 »

7. — Le même, sur grande échelle, collé sur toile, avec rouleaux pour les établissements publics.     28 »

8. **Querret**, Tables de logarithmes, etc., etc., en secondes et des tangentes en minutes pour tous les degrés, 1 fort in-8. 18 .     13 »

9. **Richard** (**T.**), Tables des sin. et cosin. naturels, in-8. 1843.   1 50.

# II. SCIENCES MATHÉMATIQUES APPLIQUÉES.

## § A.

### 1. Astronomie.

1. **Arago**, Notices scientifiques insérées dans l'Annuaire du bureau des longitudes. 1844-48.     » »

2. **Biot**, Traité élémentaire d'astronomie physique, 3ᵉ édit. entièrement refondue et augmentée, 5 vol. in-8, et atlas. 1839-48.     65 »

3. **Comte** (**Auguste**), Traité philosophique d'astronomie populaire, 1 vol. in-8, avec planches. 1845.     7 »

4. **Delambre**, Histoire de l'astronomie ancienne, 2 vol. in-4, avec planches, 1817.     25 »

5. — Histoire de l'astronomie moderne, 2 volumes in-4, avec planches. 1821.     50 »

6. — Histoire de l'astronomie du dix-huitième siècle, publiée par M. Mathieu, 1 vol. in-4. 1826.     36 »

7. **Francœur (L.-B.)**, Astronomie pratique, usage et composition de la connaissance des temps, 2e édition, 1 vol. in-8. 1840.     7 50
8. — Uranographie, ou Traité élémentaire d'astronomie, 3e édition, revue et augmentée, 1 gros vol. in-8. 1837.     » »
9. **Herschel**, Traité d'astronomie, traduit par A. Cournot, 1 vol. in-12, 3e édition. 1850.     3 50
10. **Laplace**, Ses œuvres complètes, comprenant la mécanique céleste, etc. 2e édition, 7 vol. in-4. 1845-48.     » »
11. Leçons élémentaires d'astronomie théorique et pratique, données au Collége de France, 1 vol. in-8. 1848.     » »
12. **Leverrier**, Développements sur plusieurs points de la théorie de la perturbation des planètes, 3 cahiers in-4. 1842.     » »
13. **Loupot**, Éléments d'astronomie, 1 vol. in-8. 1842.     5 50

### 2. Gnomonique. — Goniométrie.

1. **Francœur (L.-B.)**, La Goniométrie, ou l'art de tracer sur le papier des angles dont la graduation est connue, 1 vol. in-8, 1820.     1 25
2. **Livet**, Gnomonique, ou art de tracer le cadran solaire, in-8, avec planches. 1839.     4 »
3. **Mollet**, Gnomonique graphique, 1 vol. in-8, avec planches, 4e édit., suivie de la Gnomonique analytique, 1837.     3 50

# § B.

### 1. Géodésie. — Topographie. — Nivellement.

1. **Bardin**, Pratique des levers, ens. par des dessins, in-folio. 1831. » »
2. — Projet d'une instruction sur les travaux graphiques de l'École polytechnique, in-4 oblong. 1846.     2 50
3. **Benoît**, Cours complet de topographie et de géodésie, traités des levers à la planchette et à la boussole, 1 vol. in-8 avec pl. 1822-25. 7 »
4. **Bonnard**, L'Art de lever les plans, 1 vol. in-4, planches. 1845. 12 »
5. **Bourdaloue**, Nouvelle notice sur les nivellements, 1 vol. in-8, planches. 1847.     3 »
6. **Breton de Champ**, Traité du nivellement, divisé en 5 parties, 1 vol. in-8. 1848.     5 »
7. **Dubreuil (T.)**, Art du nivellement, 1 vol. grand in-8, pl. 1842. 4 »
8. **Francœur**, Géodésie, ou traité de la figure de la terre, cours fait à la Faculté des sciences, 1 vol. in-8. 1835.     10 »
9. **Guy**, Art du géomètre arpenteur, 2e édition, 1 vol. in-12. 1845. 3 50
10. **Lefèvre**, Extrait du Guide pratique de l'arpenteur, 1 vol. in-12, planches. 1837.     3 50
11. — Nouv. mode d'obs. les angles d'une triangulation, in-12.    2 »
12. — Traité spécial de la division des propriétés rurales, in-12, planches, 1837.     4 »

13. **Perrot (A.-M.)**, Modèles de topographie, dessinés et lavés avec soin, nouvelle édition, 1 cahier in-4 oblong. 1847.     15   »
14. **Puissant (L.)**, Traité de géodésie, 2ᵉ édit., 2 vol. in-4. 1842. 40   »
15. **Salneuve**, Cours de topographie, à l'usage de l'Ecole d'état-major, 1 vol. in-8. 1841.     8 50

### 2. Géographie.

1. **Balby**, Abrégé de géographie, 1 très fort vol. gr. in-8. 1838. 21   »
2. **Bouillet**, Dictionnaire universel d'histoire et de géographie, 5ᵉ édit., 1 fort vol. grand in-8. 1849.     21   »
3. **Dufour**, Le Globe, atlas classique universel, revu par M. Jomard, 42 cartes, 1 vol. in-4, cartonné. 1840.     15   »
4. **Grangez**, Cartes de la navigation et des chemins de fer de la France, 4 feuilles grand-monde. 1847-8.     25   »
5. **Guibert (Adrien)**, Dictionnaire géographique et statistique sur un plan entièrement nouveau, 1 très fort vol. in-8. 1844-49.     20   »
6. **Lapie**, Atlas classique et universel de géographie ancienne et moderne, etc., 6ᵉ édition revue et corrigée, 1 vol. in-folio. 1846. 24   »

# III. MÉCANIQUE APPLIQUÉE AUX MACHINES.

## § A. MACHINES HYDRAULIQUES.

1. **Armengaud aîné**, Traité pratique des moteurs hydrauliques et à vapeur, 1 vol. grand in-8, avec planches. 1844.     15   »
2. **D'Aubuisson de Voisins**, Traité d'hydraulique à l'usage des ingénieurs, 2ᵉ édition, 1 vol. in-8. 1840.     9   »
3. **Belanger**, Solutions numériques sur le mouvement des eaux, in-4. 1828.     2 25
4. **Bélidor**, Architecture hydraulique, ou l'art de conduire, d'élever et de ménager les eaux pour les besoins de la vie. Nouv. édit. revue par M. Navier. Tome Iᵉʳ, 1 vol. in-4, avec planches. 1820. 45   »
5. **Courtois**, Traité théorique et pratique des moteurs. Tome premier : *Moteurs animés*, 1 vol. in-8. 1846.     5 50
6. **Du Buat**, Principes d'hydraulique vérifiés par un grand nombre d'expériences faites par ordre du gouvernement. Nouvelle édition, 3 vol. in-8. 1816.     21   »
7. **Emy**, Du Mouvement des ondes et des travaux hydrauliques maritimes, 1 vol. in-4 avec atlas. 1831.     15   »
8. **Ferry**, Roue hydraulique de Romilly, in-8. 1828.     2   »
9. **Geneys**, Essai sur l'art d'élever et de distribuer les eaux, 2 vol. in-4. 1829.     »   »
10. **Girard (P.-S.)**, Mémoire sur le canal de l'Ourcq et la distribution de ses eaux, 2 vol. in-4 et atlas. 1843.     84   »
11. **Houzeau**, Des Turbines, de leur construction, du calcul de leur puissance et de leur application à l'industrie, in-8. 1839.     »   »

12. **Mary**, Calculs des éléments d'une distribution d'eau, cahier lithographié, in-folio.

13. **Morin (Arthur)**, Expériences sur les roues hydrauliques à augets, et sur les roues hydr. à aubes planes, 1 vol. in-4. 1836.          »   »

14. — Expériences sur les roues hydrauliques à axe vertical, appelées turbines, in-4 avec planches. 1838.          6   »

15. — Leçons de mécanique pratique professées au Conservatoire des arts et métiers, 3 vol. in-8, avec planches. 1847.          24   »

16. — Notice sur divers appareils dynamométriques, 2e édition, in-8, avec planches. 1841.          4 50

17. **Nadault de Buffon**, Des canaux d'arrosage, etc. (Voyez III, § G).

18. **Piobert et Tardy**, Expériences sur les roues hydrauliques à axe vertical, etc., in-4 avec planches. 1840.          4   »

19. **Poncelet**, Introduction à la mécanique industrielle, 2e édition, 1 très fort vol. in-8. 1839-41.          »   »

20. — Mémoire sur les roues hydrauliques à aubes courbes, mues par dessous, etc., 2e édition, in-4 avec planches. 1827.          7   »

21. **Poncelet et Lesbros**, Expérience hydraulique sur les lois de l'écoulement de l'eau à travers les orifices rectangulaires verticaux à grande dimension, 1 vol. in-4, avec planches. 1832.          »   »

## § B. Machines a vapeur fixes et Locomotives.

1. **Bataille et Jullien**, Traité des machines à vapeur, histoire, théorie, construction, 2 vol. in-4, avec deux atlas. 1846-49.          70   »

2. **Chevalier (Martial)**, Règles pratiques, 1 vol. in-18. 1847.          1   »

3. **Flachat et Petiet**, Guide du mécanicien-conducteur de machines locomotives, 1 fort vol. in-12, avec planches et tableaux. 1840. »   »

4. — Tableaux sur l'avance du tiroir, les tuyaux d'échappement, les conduits de vapeur et de fumée dans les locomotives, in-12. 1842. 2   »

5. **Cosnuel**, Perfectionnement des machines locomotives, in-4. 1846. 2 50

6. **Gouin et Lechatelier**, Recherches expérimentales sur les machines locomotives, in-4 avec planches. 1845.          5   »

7. **Grouvelle et Jaunez**, Guide du chauffeur et du propriétaire de machines à vapeur, 3e édition, 1 vol. in-8, avec atlas. 1845.          11   »

8. **Hodge**, Machines à vapeur aux États-Unis d'Amérique, 1 vol. in-4, avec atlas, grand in-folio. 1842.          54   »

9. **Jeanneney**, Calculs sur la sortie de vapeur dans les machines locomotives, 1 vol. in-8, avec planches. 1845.          5   »

10. **Jullien**, Code de l'acheteur et du vendeur d'appareils à vapeur, 1 vol. in-12. 1846.          3   »

11. **Lechatelier**, Études sur la stabilité des machines locomotives en mouvement, in-8, avec planches. 1849.          3 50

12. **Mathias (Félix)**, Études sur les machines locomotives, etc., in-8, avec atlas grand in-folio. 1844.          25   »

13. **Morin**, Leçons de mécanique, etc. (Voyez III, § A).

14. **Pambour**, Théorie des machines à vapeur, 2e édition, 1 vol. in-4, avec atlas. 1844.          50   »

15. **Pambour**, Traité théorique et pratique des machines locomotives, 2e édition, 1 vol. in-8, avec planches. 1840.                                      10 »
16. **Reech**, Mémoire sur les machines à vapeur (Voyez III, § D, 4).
17. — Rapport à l'appui du projet des machines de Brandon, 1 vol. in-4, avec planches. 1844.                                                        15 »
18. **Stuart**, Histoire descriptive de la machine à vapeur, etc., 1 vol. in-12. 1827.                                                               3 50
19. **Tredgold**, Traité des machines à vapeur et de leur application à la navigation, aux mines, etc., 1 vol. in-4, avec atlas. 1838.            38 »
20. — Traité des machines, etc., EN ANGLAIS, nouvelle édition, 1 vol. in-4, avec un fort atlas in-folio. 1840.                                   120 »
21. **Valerio** et **De Brouville**, Documents officiels sur les chemins de fer, in-4, avec atlas grand in-folio. 1847-48. Prix de chaque livraison.                                                                         12 »

## § C. APPLICATIONS INDUSTRIELLES.

1. **Armengaud**, Industrie des chemins de fer, in-4, avec atlas grand in-fol. 1839.                                                                60 »
2. **Bélidor**, La science des ingénieurs dans la conduite des travaux de fortification et d'architecture civile, nouvelle édition, avec des notes par M. Navier, 1 vol. in-4 avec 51 planches. 1840.                   36 »
3. **Buchanan**, Essai pratique sur les machines, EN ANGLAIS, 2 vol. grand in-8, avec atlas in-folio. 1842-45.                                   60 »
4. **Claudel**, Introduction théorique et pratique à la science des ingénieurs, 1 vol. in-8. 1848.                                                    9 »
5. **Coignet**, Notice sur une machine à élever les fardeaux par le poids des hommes, in-8, avec planches. 1835.                                    1 »
6. Collection de 112 planches représentant les machines, instruments et appareils décrits dans *l'Industriel*, etc., in-folio. 1830.   30 »
7. **Decoster**, Traité complet de la filature du lin et du chanvre. Description des machines par Coquelin, 1 vol. in-8, avec atlas in-4. 1836.                                                                         36 »
8. **Ferry**, Procédés de la fabrication du fer (Voyez VI, § D).
9. **Flachat, Barrault** et **Petiet**, Traité de la fabrication de la fonte et du fer (Voyez VI, § D).
10. **Flachat (Stéphane)**, Traité de mécanique industrielle, résumé des traités des princip. aut., 1 vol. in-4, avec planches. 1835.   » »
11. **Gassendi**, Aide-mémoire à l'usage des officiers d'artillerie de France attachés au service de terre, 5e édition, 2 vol. in-8. 1819.   » »
12. **Jariez**, Cours élémentaire de mécanique industrielle, professé aux écoles d'arts et métiers, 2e édit., 2 vol. in-8. 1848.             14 »
13. **Laboulaye (Ch.)**, Traité de cinématique, mécanique appliquée aux machines au point de vue géométrique, ou théorie du mécanisme, 1 vol. in-8. 1849.                                                           7 50
14. **Le Blanc**, Recueil de machines, instruments et appareils servant à l'industrie, etc., 4 parties, 12 livraisons chacune. 1826 à 1845. Prix de chaque livraison.                                                      6 »

# § D. MARINE.

## 1. Manœuvres. — Mâture. — Voilure.

6. **Dupin**, Développements de géométrie, avec application à la stabilité des vaisseaux, 1 vol. in-4. 1822.                                          15 »
7. **Euler**, Théorie complète de la construction, etc. (Voyez VIII, § F).
8. **Forfait**, Traité élémentaire de la mâture des vaisseaux, 2ᵉ édition, 1 vol. in-4, avec planches. 1815.                                      20 »
9. **Lescalier**, Traité du gréement des vaisseaux, etc., 2 vol. in-4. 184 .                                                                                     27 »
10. **Lescan**, Cours de pilotage, etc., 1 vol. in-8. 18  .               4 »
11. **M.** . . . Études comparatives sur l'armement des vaisseaux en France et en Angleterre, 1 vol. in-4, avec planches. 1849.           6 »
12. **Mazaudier**, Guide pratique, etc. (Voyez VIII, § F).
13. **Reech**, Machines à vapeur (Voyez III, § D, 5).

### 2. Tactique navale. — Navigation.

1. **Andibert-Ramatuelle**, Cours élémentaire de tactique navale, 1 vol. in-4, avec 68 planches. 18  .                                          30 »
2. **Baudin**, Manuel du jeune marin, ou Précis pratique sur l'arrimage, l'installation, le gréement et la manœuvre d'une frégate de 44 canons, 1 vol. in-8, avec planches. 1841.                        7 »
3. — Manuel du pilote de la mer Méditerranée, ou Description des côtes de la Méditerranée depuis le détroit de Gibraltar jusqu'au golfe d'Alexandrette, y compris les mers Adriatique et l'Archipel, 2 vol. in-8. 1847-48.                                                          12 »
4. **Bezout**, Traité de navigation avec tables, nouvelle édition, revue par M. de Rossel, 1 vol. in-8, avec pl. 1814.                          7 »
5. **Bouniceau**, Études sur la navigation des rivières à marées, 1 vol. in-8. 1845.                                                                        7 50
6. **Burgade**, Cours de pilotage, table des marées, carte des variations en Europe…, modèle de registre d'embarquement de marchandises, 1 vol. in-8 avec figures. 1840.                                          4 »
7. **Caillet (N.)**, Traité élémentaire de navigation à l'usage des officiers de la marine militaire et de la marine marchande, 2 vol., dont un de tables, grand in-8. 1848.                                          15 »
8. **Cornibert**, Guide du canonnier-marin, 1 vol. in-8. 1831.     6 »
9. **Dubreuil**, Manuel de matelotage, etc. (Voyez III, § D, 1).   » »
10. **Dulague**, Leçons de navigation, à l'usage de la marine et des écoles d'hydrographie, 9ᵉ édition, revue par Blouet, 1 fort vol. in-8. 14 »
11. **Fournier**, Manuel du caboteur, 1 fort vol. in-8. 1844.      12 »
12. — Traité de navigation, 3ᵉ édition, in-8.                        12 »
13. **Gioquel-Destouches**, Traité des manœuvres courantes et dormantes, 1 vol. in-8. 184 .                                                          5 »
14. **Layet de Podio**, Le parfait capitaine, ou Guide des commerçants, armateurs, navigateurs, etc., in-8. 1834.                              7 »
15. **Letourneur**, Dictionnaire des commandements faits au sifflet à bord des bâtiments de guerre, in-8.                                            1 50
16. — Mode de commandement, ou Essai sur la théorie générale de la manœuvre des vaisseaux et autres bâtim. de guerre, 1 v. in-8. 6 »
17. Manuel du matelot canonnier, in-8. 1841.                        1 »

18. **Mathias et Callon**, Etudes sur la navigation, etc. (Voyez III, § D, 5).
19. **Montgery**, Règles du pointage à bord des vaisseaux, 1 vol. in-8. 1829.	5 50

### 3. Histoire. — Jaugeage. — Tarifs, etc.

1. **Babron**, Précis des pratiques de l'art naval en France, en Espagne et en Angleterre, 1 vol. in-8. 1847.	6 50
2. **Bonafoux**, Dictionnaire de marine, avec la traduction en anglais et en espagnol, 1 vol. in-18. 18 .	4 »
3. **Fauber**, Nouvelle théorie du jaugeage des bâtiments en mer d'après le système métrique, in-4, avec planches. 1814.	6 »
4. **Gocvic et Jansen**, Dictionnaire universel historique et raisonné français-hollandais de marine et de l'art militaire, 1 vol. in-8. 1844.	10 »
5. **Grangez**, Traité de la perception des droits de navigation, 1 vol. in-8, avec supplément. 1840.	10 »
6. **Lescalier**, Vocabulaire de marine, anglais-français, 2 parties, 3 vol. in-4. 18 .	50 »
7. **Pelouze (père)**, Histoire de la marine militaire de tous les États belligérants de 1783 à 1846, tome 1er, in-8, atlas in-f°. 1847.	12 50
8. **Rieutord**, Barême du tonnage, collection de tables indiquant l'encombrement cubique, etc., in-4 oblong. 18 .	5 »
9. **Steinitz**, The ship its origin and progress being a general history from its first invention to the latest improvments, etc., 1 vol. in-4, avec planches. 1849.	65 »
10. **Willaumez**, Dictionnaire des termes de marine, nouvelle édition, grand in-8, avec planches. 1848.	15 »

### 4. Hydrographie. — Observations nautiques. — Phares. — Signaux.

1. **Bagay**, Nouvelles tables astronomiques et hydrographiques, 1 vol. in-4, stéréotype.	25 »
2. **Begat**, Traité de géodésie, à l'usage des marins, 1 vol. in-8. 1839.	6 »
3. **Chaucheprat**, Routier des îles Antilles, etc., in-8. 1842.	10 »
4. **Connaissance des temps**, à l'usage des astronomes et des navigateurs, publié chaque année par le Bureau des longitudes, avec ou sans les additions, en 1 vol. in-8.	» »
5. **Coulier**, Atlas général des phares et fanaux à l'usage des navigateurs, 17 livraisons in-4.	133 50
6. **Fleurieu**, Application du calcul décimal à l'hydrographie, 1 volume in-4.	5 »
7. **Givry**, Mémoire sur l'emploi des chronomètres à la mer, 1 vol. in-8. 1840.	1 50
8. **Guepratte**, Problèmes d'astronomie nautique et de navigation, 3e édit., 2 vol. in-8, avec supplément. 18 .	24 »

9. — Abrégé des problèmes d'astronomie, 1 vol. in-8. 18 . 2 50
10. **Lartigue**, Instruction nautique sur les côtes de la Guyane française, in-8. 1827. 5 »
11. **Lesaulnier de Vanhello**, Mémoire sur les attérages des côtes occidentales de France, in-4. 1833. 3 »
12. — Navigateur au grand et au petit cabotage, tables pour calculer le point à la mer, 1 vol. in-8. 18 . 3 »
13. Nouveau tableau des pavillons de toutes les puissances maritimes, 1 feuille grand aigle color. 7 »
14. **Rohde**, Système complet des signaux de jour et de nuit, in-8. 18 . 10 »
15. **Romme**, Tableaux des vents, des marées et des courants sur toutes les mers du globe, 2 vol. in-8. 1817. 12 »
16. — Traité élémentaire d'hydrographie, à l'usage des élèves ou aspirants de la marine, 1 vol. in-8, avec planches. 1820. 6 »

### 5. Bateaux à vapeur.

1. **Bataille et Jullien**, Traité des machines à vapeur (Voyez III, § C).
2. **Bourgois**, Propulseurs héliçoïdes, in-4 avec planches. 1845. 6 »
3. **Campaignac**, De l'état actuel de la navigation par la vapeur, 1 vol. in-4, avec supplément et 7 planches in-folio. 1842-45. 26 »
4. **Galy-Cazalat**, Mémoire théorique et pratique sur les bateaux à vapeur, 1 vol. in-4, avec planches. 1837. 9 »
5. **Duparc** (**Léon**), De la vis et autres propulseurs pour les bateaux à vapeur, in-8. 1843. » »
6. **Hodge**, Machines à vapeur aux États-Unis, etc. (Voyez III, § B).
7. **Labrousse**, Des Propulseurs sous-marins, grand in-4 avec planches. 1843. 6 »
8. **Mathias** (**Ferd.**) **et Callon**, Études sur la navigation fluviale par la vapeur, 1 vol. in-8, planches. 1846. 6 »
9. **Reech**, Mémoire sur les machines à vapeur et leur application à la navigation, 1 vol. in-4, avec atlas in-folio. 1844. 30 »
10. **Tredgold**, Appendice pour la navigation, EN ANGLAIS, 7 cahiers in-4, etc., 4 atlas in-folio. 178 50

## § E. Machines agricoles.
(VOYEZ VII, § D).

1. **Le Blanc**, Recueil de machines, etc. (Voyez III, § D).
2. **Pouillet et Le Blanc**, Portefeuille du Conservatoire (Voyez XII, § A).

## § F. Irrigations.
(VOYEZ VII, § D, et X, § D, 6).

1. **Dumont** (**A.-A.**), De l'organisation des cours d'eau (Voyez X, § C).
2. **Héricart de Thury**, Considérations, etc. (Voyez VI, § B).

3. **Jaubert de Passa**, Mémoire sur les cours d'eau et les canaux d'arro
   sage des Pyrénées orientales, 1 vol. in-8, avec pl. 1844.       5  »
4. — sur les irrigations en Italie, 3 vol.
5. **Mauny de Mornay**, Irrigation en Italie, 1 **vol.** in-18. 1842. 3 50
6. **Memorie** sul benificamento delle maremme Toscane, 1 vol. in-8,
   avec atlas in-folio. 1838.                                     36  »
7. **Nadault de Buffon**, Des canaux d'arrosage de l'Italie, etc., 3 vol.
   in-8, et atlas in-4. 1844.                                     39  »
8. **Polonceau**, Des eaux relativement à l'agriculture, procédés d'irrigation et de limonage, 1 vol. in-12, avec planches. 1846.        »  »
9. **Prony**, Description hydrographique et historique des Marais-Pontins,
   1 vol. in-4, avec atlas in-folio. 1822.                        40  »

## § G. TABLES. — RÉSULTATS D'EXPÉRIENCES.

1. **Blum**, Tableaux polytechniques aide-mémoire et résumés scientifiques, 21 tableaux in-folio. 1844.                              20  »
2. Carnet à l'usage de l'ingénieur, 6e édition, 1 vol. in-12. 1848. 3 50
3. **Cousinery-Genieys**, Tables à l'usage des ingénieurs, 1re partie 1 vol.
   in-8. 1835.                                                    »  »
   2e partie, 1 vol. in-8. 1846.                                  12  »
4. **Hughes**, Tables des volumes de terrassement dans les déblais et les
   remblais de chemins de fer, canaux, etc., 1 vol. in-4 oblong.
   1847.                                                          18  »
5. **Lalanne**, Tables pour les calculs des routes, in-12. 1842.   2  »
6. **Lapointe**, Instruction sur l'usage de la règle à calculer, 2e édition,
   in-12, avec figures. 1847.                                     »  75
7. — La même avec la règle, de 0,40 centimètres.                  8  »
8. **Lenoir**, Calculs faits à l'usage des industriels en général, et spécialement des mécaniciens, charpentiers, pompiers, serruriers, etc.,
   4e édition, revue et augmentée, 1 vol. in-12. 1848.            3 50
9. **Prus**, Tables relatives au tracé des courbes de raccordement, 1 vol.
   in-8. 1846.                                                    5  »
10. **Ringuelet**, Système métrique, à la portée de toutes les intelligences,
    1 vol. in-8. 1843.                                            3 50
11. **Van Alphen**, Manuel du poids des fers méplats, carrés et ronds,
    1 vol. in-8, oblong. 1841.                                    4  »

# IV. PHYSIQUE.

## § A. TRAITÉS GÉNÉRAUX.

1. **Becquerel**, Traité de physique dans ses rapports avec la chimie et
   les sciences naturelles, 2 vol. in-8. 1842-44.                 15  »
2. **Biot**, Traité de physique expérimentale, etc., 4 vol. in-8. 1816. »  »

3. **Emy,** Cours de sciences physiques et chimiques appliquées aux écoles militaires, 1 vol. in-8. 1848. 6 »
4. **Lamé,** Cours de physique professé à l'Ecole polytechnique, 2ᵉ édition, 3 vol. in-8, 1840. » »
5. **Péclet,** Traité élémentaire de physique à l'usage de l'Ecole centrale des arts et manuf., 4ᵉ édition, 2 vol. in-8, avec atlas. 1847. 15 »
6. **Peyré,** Cours adopté pour l'enseignement des élèves de l'école de Saint-Cyr, 2ᵉ édition, 1 vol. in-8. 1840. 10 »
7. — Cours préparatoire de physique, de chimie et de cosmographie, etc., 1 vol. in-8. 1836. 5 »
8. **Pinaud,** Cours de physique, nouvelle édition, 1 vol. in-8. 1844. 6 50
9. **Poncelet,** Introduction à la mécanique, etc. (Voyez III, A).
10. **Pouillet,** Éléments de physique expérimentale et de météorologie, etc., 5ᵉ édit., rev. et augm., 2 forts vol. in-8. 1847. 17 »
11. **Soubeiran,** Précis élémentaire de phys., 2ᵉ éd., 1 v. in-8. 1844. 6 50

## § B. Chaleur. — Chauffage. — Aérage.

(VOYEZ XII, § A. DICTIONNAIRE DES ARTS ET MANUFACTURES).

1. **Arcet (d'),** Collection de mémoires sur l'assainissement, etc., 1ᵉʳ volume, 1 vol. in-4, avec atlas. 1843. 22 »
2. **Boutigny,** Nouvelle branche de physique, 2ᵉ édit., in-8. 1847. 4 50
3. **Grouvelle,** Guide du chauffeur, etc. (Voyez III, § B).
4. **Inmann,** Ventilation, chaleur et transmission du son, EN ANGLAIS, 1 vol. in-8. 1839. 10 »
5. **Péclet (E.),** Traité de la chaleur considérée dans ses applications, 2ᵉ édition, 2 vol. in-4, avec atlas in-folio. 1843. 66 »
6. **Richardson,** Traité populaire sur la chaleur et l'aérage des habitations, EN ANGLAIS, 1 vol. in-8, avec pl. 1839. 15 »
7. **Tredgold,** Principes de l'art de chauffer et d'aérer les édifices publics, 1 vol. in-8. 1825.

## § C. Électricité. — Magnétisme.

1. **Becquerel,** Eléments d'électro-chimie appliquée aux sciences naturelles et aux arts, 1 vol. in-8, avec planches. 1843. 7 50
2. — Traité d'électricité et de magnétisme, 7 vol. in-8, avec atlas in-folio. 1834-43. 72 50
3. — Traité complet du magnétisme, 1 vol. in-8, avec pl. 1846. 10 »
4. **Bréguet (L. fils)** et **V. de Séré,** Télégraphie électrique, son avenir, poste aux lettres électrique, journaux électriques, suivi d'un aperçu théorique sur la télégraphie, in-8. 1849. 1 »
5. **Chappe,** Histoire de la télégraphie, 2 vol. in 8, atlas. 1846. 12 »
6. **Chateau,** Télégraphie de jour et de nuit. in-8. 1842. 3 50
7. **Guyot,** De la Télégraphie de jour et de nuit, 1 vol. in-8, avec planches. 1840. 7 50

8. **Moigno**, Traité de télégraphie électrique renfermant son histoire, sa théorie et la description des appareils, 1 vol. in-8. 1848.     10   »
9. **Vail**, Le télégraphe électro-magnétique américain, traduit de l'anglais par Vattemare, 1 vol. in-8. 1847.     7   »
10. **Walker**, Manipulations électro-typiques, in-18, 3ᵉ édit. 1849.   2   »

## § D. Acoustique.

1. **Chladni**, Traité d'acoustique, 1 vol. in-8, avec planches. 1809. »   »
2. **Lachez**, Acoustique et optique des salles de réunions publiques, théâtres et amphithéâtres, spectacles, concerts, etc., 1 volume in-8. 1848.     5   »
3. **Savart**, Mémoires, 1 vol.     »   »

## § E. Lumière. — Optique. — Éclairage.

(VOYEZ XII, § A. DICTIONNAIRE DES ARTS ET MANUFACTURES).

1. **Chevreul**, De la loi du contraste simultané des couleurs, etc., 1 vol. in-8 et in-4. 1839.     30   »
2. **Clegg**, Sur l'éclairage au gaz, EN ANGLAIS, 1 vol. in-4, rempli de planches. 184 .     36   »
3. **Coulier**, Atlas des phares et fanaux (Voyez III, § D, 4).
4. **Girault**, Projet d'éclairage par le gaz, de chauffage par la vapeur et de ventilation au moyen d'appareils simultanés, in-8. 1848.   » 50
5. **Herschell**, Traité de la lumière, traduit de l'anglais par MM. Verhulst et Quetelet, 2 vol. in-8. 1833.     15   »
6. **Hurcourt (Robert d')**, Traité d'éclairage au gaz, 1 vol. in-8. 1844.     7 50
7. **Mandl**, Traité pratique du microscope, etc., 1 vol. in-8, avec planches. 1839.     8   »
8. **Moigno**, Répertoire d'optique moderne, 1ʳᵉ et 2ᵉ parties, 2 vol. in-8. 1847-1848.     15   »
9. **Peackston**, Traité d'éclairage au gaz, EN ANGLAIS, 1 vol. in-8, avec planches. 1847.     30   »
10. **Péclet**, Traité d'éclairage, etc., 1 vol. in-8, avec planch. 1828. 8 50
11. **Pelouze**, Traité d'éclairage au gaz, 2 vol. in-8, avec atlas. 1839. 15   »

## § F. Phothographie.

1. **Gaudin**, Traité pratique de photographie, 1 vol. in-8. 1843.   5   »
2. **Lerebours**, Traité de photographie, 5ᵉ édit., 1 vol. in-8. 1846.   5   »
3. **Valicourt**, Traité complémentaire de daguerréotype et de galvanoplastie, 1 vol. in-8. 1844.     3 50

## § G. Météorologie.

(VOYEZ AUSSI AGRICULTURE, VII, § B).

1. **Becquerel**, Éléments de physique terrestre et météorologie, 1 vol. in-8, avec planches. 1847.  12 50
2. **Garnier**, Physique du globe, 1 vol. in-8. 1840.  7 50
3. **Pouillet**, Éléments de physique (Voyez IV, § A).

# V. CHIMIE.

## § A. Traités généraux et spéciaux.

1. **Arcet (d')**, Collection de mémoires, etc. (Voyez IV, § B).
2. **Bareswil et A. Sobrero**, Appendice aux traités d'analyse chimique, 1 vol. in-8 avec planches. 1843.  7 »
3. **Baudrimont**, Traité de chimie générale, 2 vol. in-8. 1846.  18 »
4. **Berzelius**, Traité de chimie minérale, végétale et animale, 2ᵉ édition française, 5ᵉ édition allemande, 8 vol. in-8. 1845-48.  64 »
5. — Théorie des proportions chimiques, 2ᵉ édit., 1 v. in-8. 1835. 8 »
6. **Bineau**, Leçons de M. Dumas sur la philos. chim. in-8. 1837.  » »
7. **Dumas**, Traité de chimie appliquée aux arts, 8 vol. in-8 et atlas in-folio.  96 »
8. **Dumas et Boussingault**, Statique chimique des êtres organisés, 3ᵉ édition 1 vol. in-8. 1844.  3 »
9. **Dupasquier**, Traité élémentaire de chimie industrielle, tome 1ᵉʳ, 1 vol. in-8. 1845.  9 »
10. **Emy**, Cours des sciences physiques et chimiques (Voyez IV, § A).
11. **Faraday**, Manipulations chimiques, 2 vol. in-8. 1827.  » »
12. **Gay-Lussac**, Traité d'alcalimétrie (Voyez XI, § A).
13. **Girardin**, Leçons de chimie élémentaire appliquée aux arts industriels, 3ᵉ édition, 2 vol. in-8, avec fig. et échantill. 1846.  14 »
14. **Hœfer**, Histoire de la chimie, depuis les temps les plus reculés jusqu'à nos jours, 2 vol. in-8. 1842-43.  17 »
15. **Lassaigne**, Diction. des réactifs chimiques, 1 vol. in-8. 1839.  10 »
16. **Liebig**, Introduction à l'étude de la chimie, 1 vol. in-12. 1837. 3 »
17. **Louyet**, Cours élémentaire de chimie générale inorganique, théorique et pratique, 3 vol. in-8. 1842-44.  24 »
18. **Payen**, Précis de chimie industrielle à l'usage des écoles préparatoires aux professions industrielles et des fabricants, 1 vol. in-8, avec atlas. 1849.  15 »
19. **Pelouze et Fremy**, Cours de chimie générale, 3 forts vol. in-8, compactes, avec atlas. 1848-49.  20 »
20. — Abrégé de chimie, 1 fort vol., avec planches. 1848.  5 »

II. *Août* 1849.

21. **Persoz (J.)**, Introduction à l'étude de la chimie moléculaire, 1 fort vol. in-8. 1839.                                                                12 »
22. **Regnault**, Cours élémentaire de chimie, 2 forts vol. in-12, compactes. 1847-49.                                                               20 »
23. **Répertoire** de chimie scientifique, etc., 5 vol. in-8. 1837-40.   30 »
24. **Rose (H.)**, Traité d'analyse chimique avec notes et additions de M. Peligot, 3ᵉ édition, 2 vol in-8. 1843.                        16 »
25. **Thénard (le baron L.-J.)**, Traité élémentaire de chimie, 6ᵉ édition, 5 vol. in-8, avec atlas in-4. 1836-38.                          » »
26. **Violette**, Nouvelles manipulations chimiques simplifiées, 2ᵉ édition, revue et augmentée, 1 vol. in-8. 1847.                       7 »

## § B. Chimie minérale. — Substances métalliques.

1. **Berthier**, Traité des essais par la voie sèche, 2 forts vol. in-8. 1834. Réimpression 1847.                                                30 »
2. **Berzelius**, Emploi du chalumeau dans les analyses chimiques, 1 vol. in-8. 1837.                                                            6 50
3. **Brongniart**, Traité des arts céramiques (Voyez XI, § B).
4. **Chaudet**, Art de l'essayeur, 1 vol. in-8. 1835.                   8 »
5. **Dictionnaire** des Arts et Manufactures (Voyez XI, § A).
6. **Dumas**, Chimie appliquée aux arts (Voyez V, § A).
7. **Hœfer**, Eléments de chimie minérale, 1 vol. in-8. 1841.    7 50
8. **Wœhler**, Cours de chimie inorganique, traduit par Mareska et Valérius, 1 vol. in-8. 1848.                                                    4 »

## § C. Chimie végétale.

### (voyez VII, § B).

1. **Chevreul (F.)**, Leçons de chimie appliquées à la teinture, faites à la manufacture royale des Gobelins, 2 très forts volumes in-8. 1829.                                                                          21 »
2. **Dictionnaire** des arts et manufactures (Voyez XI, § A).
3. **Dumas**, Chimie appliquée aux arts (Voyez V. § A).
4. **Gerhart**, Précis de chimie organique, 2 vol. in-8. 1845.   16 »
5. **Girardin**, Leçons de chimie (Voyez V, § A).
6. **Graham (Th.)**, Chimie organique, 1 vol. in-8. 1843.   7 »
7. **Leuchs**, Traité complet des propriétés, de la préparation et de l'emploi des matières tinctoriales, trad. par Péclet, 2 vol. in-8. 1829.   18 »
8. **Liebig**, Chimie appliquée à la physiologie végétale, traduit par M. Gerhardt, 2ᵉ édition, 1 vol. in-8. 1846.                        7 50
9. — Instruction sur l'analyse organique, in-8 avec pl. 1838.    2 »
10. — Traité de chimie organique, édition revue et augmentée par l'auteur, publiée par M. Gerhardt, 3 vol. in-8. 1841-43.            21 »
11. **Payen**, Cours de chimie appliquée professé à l'Ecole centrale des arts et manufactures et au Conservatoire des arts et métiers, rédigé par

Delisse et Poinsot. 1<sup>re</sup> partie, Chimie organique, 1 vol. in-8, avec atlas in folio. 1848. 30 »
12. **Persoz**, Traité de l'impression des tissus (Voyez IX, § D).
13. **Raspail**, Nouveau système de chimie organique, 2<sup>e</sup> édition, 3 volumes in-8 et atlas. 1838. 30 »
14. **Wœhler**, Cours de chimie organique, traduit par Mareska et Valérius, 1 vol. in-8. 1848. 4 »

# VI. SCIENCES NATURELLES.

## §. A. TRAITÉS GÉNÉRAUX.

1. **Adanson**, Cours d'histoire naturelle fait en 1772, publié sous les auspices de M. Adanson neveu, avec notes de M. L.-P. Payer, 2 vol. grand in-18. 1845. 12 »
2. **Beudant, de Jussieu, Milne-Edwards**, Cours élémentaire d'histoire naturelle, à l'usage des colléges et des maisons d'éducation, 3 forts vol. in-12. 1841-43. 18 »
3. **Cuvier (le baron Georges)**, Histoire des sciences naturelles jusqu'à la fin du XVIII<sup>e</sup> siècle, rédigée et complétée par M. Magdeleine de Saint-Agny, 5 vol. in-8. 1841 à 45. 28 »
4. **Edwards (Milne)**, Cahiers d'histoire naturelle comprenant la zoologie, la botanique, la minéralogie et la géologie. Nouvelle édition en 3 parties, in-12. 1846. Prix de chaque partie. 2 »
5. **Guérin Menneville**, Magasin de zoologie, d'anatomie comparée et de paléontologie, première série, 8 vol. in-8, 635 planches coloriées avec soin. 1831-1838. 259 »
6. — Deuxième série. Prix de chaque année, 1839-1844. 36 »

## § B. GÉOLOGIE ET PALÉONTOLOGIE.

1. **Archiac (le vicomte d')**, Histoire des progrès de la géologie depuis 1834 à 1843. Tome 1<sup>er</sup>, Cosmogonie, etc., 1 vol. in-8. 1847. 8 »
2. **Beaumont (Élie de)**, Leçons de géologie pratique, tome premier, 1 vol. in-8. 1846. 12 »
Tome 2<sup>e</sup>, 1 vol. in-8. 1848. » »
3. **Brongniart**, Tableau de succession des terrains, une feuille coloriée avec soin. 1810-16. 5 »
4. Bulletin de la Société de géologie (Voyez XII, § B).
5. **Burat (Amédée)**, Géologie appliquée à l'exploitation des minéraux utiles, 2<sup>e</sup> édition, 1 fort vol. in-8. 1846. 15 »
6. **Cuvier**, Discours sur les révolutions de la surface du globe, 8<sup>e</sup> édition, 1 vol. in-8. 1840. 7 50
7. — Le même, 1 vol. in-12. 1840. 3 50
8. **Dufrénoy et Élie de Beaumont**, Carte géologique de la France, six feuilles coloriées avec le plus grand soin. 1846. » »

2.

9. **Héricart de Thury (le vicomte)**, Considérations géologiques et physiques sur la cause du jaillissement des eaux, nouvelle édition, 1 vol. in-8 avec pl. 1850.　　　　　　　　　　　　　　　　　　　　　》　》

10. **Labèche (Henri de)**, Manuel géologique, traduit par Brochant de Villiers, 2ᵉ édition, 1 très fort vol. in-8. 1840.　　　　　16　》

11. **Lecoq (H.)**, Des glaciers et des climats, 1 vol. in-8. 1847.　7·50

12. **Llyell**, Nouveaux éléments, 1 vol. in-12, avec figures. 1839.　10　》

13. — Principes de géologie, ou illustrations de cette science, empruntées aux changements modernes, 4 vol. in-12. 1841-48.　　30　》

14. **Murchison, Verneuil, etc.**, Géologie de la Russie d'Europe et des montagnes de l'Oural, 2 vol. in-4, en français et en anglais. 1845.　　　　　　　　　　　　　　　　　　　　　　　210　》

15. **Omalius D'halloy**, Éléments de géologie, in-8, 3ᵉ éd. 1839.　10　》

16. — Introduction à la géologie, ou première partie des éléments d'histoire naturelle inorganique, etc., 1 fort vol. in-8. 1834.　　14　》

17. — Précis élémentaire de géologie, 1 vol. in-8. 1843.　　12　》

18. **Orbigny (Alcide D')**, Paléontologie française, avec figures lithographiées d'après nature, par M. Delarue. *Terrains crétacés*, 124 livraisons. *Terrains jurassiques*, 44 livraisons. 1844-48. Prix de chaque livraison.　　　　　　　　　　　　　　　　　1 25

19. — Cours élémentaire de paléontologie générale et appliquée, 1 vol. grand in-18 avec figures. 1848.　　　　　　　　　　》　》

20. **Pictet**, Paléontologie, ou histoire naturelle des animaux fossiles, 4 vol. in-8, avec planches. 1844-1845.　　　　　38　》

21. **Raulin**, Carte géognostique du plateau tertiaire de Paris, 1 feuille grand-aigle color. 1844.　　　　　　　　　　　　10　》

22. **Renou**, Description géolog. de l'Algérie, suivie d'une Notice minéralogique d'Alger, par M. Ravergie, 1 vol. in-4 avec pl. 1847. 30　》

23. **Rivière**, Eléments de géologie pure et appliquée, 1 vol. in-8 avec pl. 1839.　　　　　　　　　　　　　　　　　　　　12　》

24. — Etudes géologiques et minéralogiques. Tome 1ᵉʳ, 1 vol. in-8. 1848.　　　　　　　　　　　　　　　　　　　　　　7 50

## § C. MINÉRALOGIE.

1. **Beudant**, Traité élémentaire de minéralogie, 2 forts volumes in-8. 1832.　　　　　　　　　　　　　　　　　　　　　21　》

2. **Brard (C.-P.)**, Nouveaux éléments de minéralogie, ou manuel du minéralogiste voyageur, 3ᵉ édition, 1 vol. in-8. 1838.　　7　》

3. **Brongniart (Al.)**, Introduction à la minéralogie, 1 v. in-8. 1835.　》　》

4. **Brongniart**, Traité élément. de minéralogie, 2 vol. in-8. 1812.　》　》

5. Compte-rendu annuel des travaux des ingénieurs des mines, de 1833 à 1847, 1 vol. in-4, publié chaque année par l'administration.　》　》

6. **Drapiez**, Minéralogie usuelle, 1 vol. in-12. 1837.　　　3 50

7. **Drian**, Minéralogie et pétrologie des environs de Lyon, 1 vol. in-4. 1849.　　　　　　　　　　　　　　　　　　　　10　》

8. **Dufrénoy (A.)**, Traité de minéralogie, 3 volumes in-8, avec atlas. 1844-47.　　　　　　　　　　　　　　　　　　48　》

9. **Héricart de Thury** (le vicomte), Minéralogie synoptique, 1 vol. in-8. » »
10. **Muller,** Eléments de cristallographie, traduit par Nickeles, 1 vol. in-12, avec figures. 1847. 2 »
11. Rapport au roi sur les mines et usines de la Belgique, 1 volume petit in-folio. 1847. » »

# § D.

## 1. Exploitation des mines.

1. **Brard (C.-P.),** Eléments pratiques d'exploitation des mines, 1 vol. in-8 avec atlas grand in-8. 1829. 12 »
2. **Brard,** Minéralogie appliquée aux arts, 3 forts vol. in-8. 1821.
3. **Brongniart,** Traité des arts céramiques, etc. (Voyez XI, § B).
4. **Cherblanc,** Aérage des mines et travaux souterrains par la vapeur. 1 vol. in-8. 1847. 2 50
5. **Combes,** Traité de l'exploitation des mines, 3 vol. in-8, et atlas in-4. 1844-46. 45 »
6. **Degousée,** Guide du Sondeur, ou traité théorique et pratique des sondages, 1 fort vol. in-8, avec atlas in-4. 1846. 15 »
7. **Duport,** De la production des métaux précieux au Mexique, 1 vol. in-8 avec atlas. 1846. 13 50
8. Emploi des chemins de fer dans les mines (Voyez Annales des mines, XII, § A).
9. **Grar,** Recherche, découverte et exploitation de la houille, première partie, 1 vol. in-4. 1847. 12 »
10. **Héron de Villefosse,** De la richesse minérale, 2e édition, 1 vol. in-8, avec atlas in-folio. 1840. 50 »
11. Le même, ancienne édition, 3 vol. in-4, avec atlas in-fol. 1819. » »

## 2. Métallurgie.

### (VOYEZ V, § B).

1. **Burat,** Etudes sur les mines, théorie des gites métallifères, 1 vol. in-8 avec fig. 1845. 6 50
2. **Cabrol,** Appareils à gaz carbonnés (Voyez XI, § C).
3. **Coste et Perdonnet,** Mémoires sur le traitement des minerais de fer, d'étain et de plomb, 1 vol. in-8 et atlas in-4. 1830. 12 »
4. **Delvaux de Fenffe,** De la situation du fer en Prusse, 2e édition, in-8. 1844. 3 »
5. **Dufrénoy, Élie de Beaumont, Coste et Perdonnet,** Voyage métallurgique en Angleterre, 2e édit., 2 in-8 et atl. fol. 1837-39. 52 »
6. **Ferry,** Procédés de la fabrication du fer, traduit de l'anglais, in-8 avec planches. 1833. 3 »

7. **Flachat, Barrault et Petiet**, Traité de la fabrication de la fonte et du fer, envisagée sous les trois rapports chimique, mécanique et commercial, 3 vol. in-4, avec atlas in-folio, 1842-46.     200 »

8. **François**, Gisement et traitement divers des minerais de fer, 1 vol. in-4 et atlas. 1843.     25 »

9. **Guettier**, Recherches pratiques sur les alliages des métaux, in-8. 1848.     1 25

10. **Karsten**, Manuel de la métallurgie du fer, 2e édition, 3 vol. in-8, avec planches. 1830.     21 »

11. **Leplay**, Description des procédés métallurgiques employés dans le pays de Galles pour la fabrication du cuivre, 1 vol. in-8. 1848.     8 »

12. **Lampadius**, Manuel de métallurgie générale, 2 vol. in-8. 1840. 12 50

13. **Pelouze**, Art du maître de forges (Voyez XI, § C).

14. **Richard**, Art d'extraire immédiatement le fer de ses minerais, sans convertir le métal en fonte, 1 vol. in-4 et atlas in-folio. 1838. 30 »

15. **Valérius**, Traité théorique et pratique de la fabrication du fer en Belgique, 1 vol. grand in-8, avec atlas in-4. 1844.     36 »

16. **Walter de Saint-Ange et Leblanc**, Métallurgie pratique du fer, atlas de machines, outils, appareils employés à la fabrication de la fonte et du fer, 1 vol. in-4, avec atlas in-fol. 1835 à 1838.     140 »

## § E. BOTANIQUE.

### (VOYEZ VII, § C).

1. **Brongniart (Adolphe)**, Énumération des genres de plantes cultivées au Muséum d'histoire naturelle de Paris, 1 vol. in-12. 1843.  2 50

2. **Cosson (E.) et Germain (E.)**, Flore descriptive et analytique des environs de Paris, 1 vol. in-12 en 2 part., avec pl. 1845.     13 »

3. — Atlas de l'ouvrage ci-dessus, 1 vol. in-12. 1846.     9 »

4. **Duchesne (Ed.)**, Répertoire des plantes utiles et vénéneuses du globe, 1 vol. in-8. 1839.     12 »

5. **Gaudichaud**, Recherches générales sur l'organographie, la physiologie et l'organogénie des végétaux, 1 vol. grand in-4 avec planches. 1841.     24 »

6. **Jussieu (A. de)**, Cours élémentaire de botanique (Voyez VI, § A).

7. **Lassegne (A.)**, Musée botanique de M. Benjamin Delessert, 1 vol. in-8. 1844.     7 »

8. **Lecoq et Lamotte**, Catalogue raisonné des plantes vasculaires du plateau central de la France, 1 vol. in-8. 1847.     4 »

9. **Lemaout**, Leçons élémentaires de botanique, fondées sur l'analyse de 50 plantes vulgaires, 2 vol. in-8, avec planches. 1843.     15 »

10. — Le même, avec l'atlas colorié.     25 »

11. **Liebig**, Chimie appliquée à la physiologie végétale et à l'agriculture (Voyez V, § C).

12. **Mirbel (C.-F. Brisseau)**, Eléments de physiologie végétale et de botanique, 3 vol. in-8, dont 1 de planches. 1815.     25 »

13. **Payen**, Mémoires sur les développements des végétaux, 1 vol. in-4 avec planches. 1842.     30 »

14. **Raspail**, Nouveau système de physiologie végétale et de botanique fondé sur la méthode d'observation, 2 vol. in-8, et atlas de 60 planches. 1837. 30 »

15. **Richard (Achille)**, Nouveaux éléments de botanique et de physiologie végétale, 1 vol. in-8, avec planches, 1847. 9 »

16. **Roques (Joseph)**, Histoire des champignons comestibles et vénéneux, 2ᵉ édition, 1 vol. in-8 avec atlas in-4. 184 . 27 »

17. — Le volume de texte se vend séparément. 7 »

18. **Saint-Hilaire (Auguste)**, Leçons de botanique adoptées par le conseil de l'inst. publique, 1 vol. in-8 avec 24 planches. 1846. 7 50

## § F. ZOOLOGIE. — PHYSIOLOGIE ANIMALE.

1. **Edwards (Milne)**, Cours élémentaire de zoologie (Voyez VI, § A).

2. — Éléments de zoologie ou leçons sur l'anatomie, la physiologie, la classification et les mœurs des animaux, 3 vol. in-8 avec un grand nombre de figures. 1845. 13 »

3. **Geoffroy-Saint-Hilaire**, Principes de philosophie zoologique discutés au sein de l'Académie des sciences, 1 vol. 18 . 4 50

4. **Liebig**, Chimie appliquée à la physiologie animale et à la pathologie, traduit par M. Gerhardt, 1 vol. in-8. 1842. 7 50

5. **Longet**. Anatomie et physiologie du système nerveux de l'homme et des animaux vertébrés, 2 forts vol. in-8 avec planch. 1842. 17 »

# VII. AGRICULTURE.

## § A.

### 1. Traités généraux.

1. **Burgher, Kholwes et Ruffing**, Cours complet d'agriculture pratique, traduit par Noirot, 1 vol. in-4. 1839. 10 »

2. Congrès central d'agriculture, etc.; 1 volume pour chaque session, 3 vol. in-8. 1844, 1845, 1846. 10 50

3. Cours d'agriculture, etc. (Voyez XII, § A).

4. **Dezeimeris**, Conseils aux agriculteurs, 1 vol. in-12. 1848. 1 75

5. — Guide des agriculteurs, 1 vol. in-1847. 1 50

6. **Gasparin (de)**, Cours d'agriculture, 4 vol. in-8, fig. 1845-49. 30 »

7. — Guide des propr. de biens ruraux affermés, in-8. 1842. » »

8. — Guide des propr. de biens soumis au métayage, in-8. 1844. » »

9. **Girardin et Dubreuil**, Traité élémentaire d'agriculture, 2 forts vol. in-18 avec planches. 1848. » »

10. **Hervé de Lavaur**, Traité élémentaire complet d'agriculture pratique, 1 vol. in-12. 1849. 2 »

11. **Jamet**, Cours d'agric. théorique et pratique, in-12. 1846. 3 »

12. Journal d'agriculture pratique (Voyez XII, § C). » »

13. **Low (David)**, Eléments d'agriculture pratique, traduits par Lainé, 2 vol. in-8. 1838.                                                              12 »
14. **Magne**, Principes d'agric. et d'hygiène vétér., in-8. 1844.    10 »
15. Maison rustique au XIXᵉ siècle, 5 vol. in-4 avec 2500 fig.       39 50
16. **Marivault**, Précis de l'histoire de l'agriculture, in-12. 1837.  4 »
17. **Mathieu de Dombasles**, Annales agricoles, etc. (Voyez XII, § B).
18. — Calendrier du bon cultivateur, 1 vol. in-12, avec pl. 1832.   4 50
19. — OEuvres diverses, 1 vol. in-8. 1843.                           8 »
20. **Moll**, Manuel d'agriculture, traité élémentaire de la science agricole, 1 vol. in-12. 1845.                                                      » »
21. Publications faites par le ministère de l'agriculture, 1 vol. in-folio chaque année.                                                                  » »
22. **Robinet (mad. Millet)**, Mais. rustiq. des dames. in-12. 1845. 7 »
23. **R. . . .** Richesse du cultivateur et de l'institution primaire, 1 volume in-12. 1849.                                                                  1 »
24. **Schlipff**, Manuel populaire d'agriculture, traduit par Nicklès. 1 vol. in-8. 1845.                                                                 4 »
25. **Schwertz**, Préceptes d'agriculture pratique, traduit par Schauenberg, 4 vol. in-8. 1839 à 1847.                                                 27 »
26. **Thaer**, Principes raisonnés d'agriculture, traduit par Crud, 2ᵉ édition, 4 vol in-8 et atlas. 1829.                                            30 »

## 2. Traités spéciaux relatifs à des contrées déterminées et statistique agricole.

1. **Leclerc Thouin**, Agriculture de l'ouest de la France, 1 vol. grand in-8. 1843.                                                                       2 50
2. **Moll**, Colonisation et agriculture de l'Algérie, 2 vol. in-8, fig. 184 .  12 »
3. — Etat de la production des bestiaux en Allemagne, en Belgique et en Suisse, 1 vol. in-8. 1842.                                                    2 75
4. **Puvis**, Agriculture du Gâtinais, de la Sologne et du Berry, 1 vol. in-8. 1833.                                                                       2 50
5. **Rioffel**, Agriculture de l'ouest de la France, 6 vol. in-8. 1840 à 1847.                                                                            60 »
6. **Royer**, Agriculture allemande (Voyez VII, § I).
7. — Statistique de la France agricole, 1 vol. in-8 et atlas. 1845.  12 »
8. **Sauzeau**, Agriculture du Poitou, 1 vol. in-8. 18 .              2 »
9. **Valmont (de) et Block**, Tableau synoptique de la statistique agricole de la France, in-plano.                                                      4 »

## § B. MÉTÉOROLOGIE, GÉOLOGIE, CHIMIE AGRICOLES.

1. **Boubée Nérée**, La géologie dans ses rapports, etc., 1 vol in-8. 1836.                                                                               2 »
2. — Géologie élémentaire appliquée à l'agriculture et à l'industrie . 1 vol. in-18, 1838.                                                             2 50

3. **Boussingault**, Chimie appliquée à l'agriculture, économie rurale dans ses rapports avec la chimie, etc., 2 vol. in-8. 1844.    15 »
4. **Caillat**, Application à l'agriculture des éléments de physique, de chimie, etc., 4 vol. in-12 avec planches. 1847.    16 »
5. **Demesmay**, Utilité du sel, etc. (Voyez VII, § F).    » »
6. **Girardin**, Mémoires de chimie appliquée à l'industrie, à l'agriculture et à l'économie domestique, 1 vol. in-8. 1839.    8 »
7. **Joigneaux (P.)**, Traité des amendements et des engrais, 1 vol. in-16. 1848.    » 75
8. **Marivault**, Notions élémentaires de géologie, etc., etc., appliquées à l'agriculture, 1 vol. in-18. 1837.    2 50
9. **Monnières (de)**, Hist., analyses et effets du guano, in-8. 1845. 1 50
10. **Paulet**, Théorie pratique des engrais, 1 vol. in-8. 1845.    3 50
11. **Payen**, Théorie des engrais, in-12.    » »
12. **Pierard**, La chaux, son emploi en agriculture, in-18. 184 .    » 50
13. **Quenard**, Fumier de ferme élevé à sa plus haute puissance de fertilisation, in-8. 1847.    1 25
14. **Tackeray**, Observations sur le fumier de basse-cour, les engrais artificiels, etc., in-8. 1847.    2 »

## § C. HISTOIRE NATURELLE. — ENTOMOLOGIE. — PHYSIOLOGIE VÉGÉTALE. — BOTANIQUE.

### (VOYEZ VI, § E).

1. **Berlèse**, Iconographie du genre camélia, 150 livraisons petit in-folio. 1841 à 1846. Chaque livraison.    2 50
2. **Duchesne**, Dictionnaire des plantes utiles et nuisibles (Voyez VI, § E).    » »
3. **Lecoq**, Flore des prairies naturelles et artificielles, 1 vol. in-8. 1844.    7 50
4. **Mordant de Launay**, Herbier général (Voyez XII, § A).    » »

## § D. MÉCANIQUE. — HYDRAULIQUE. — ÉTANGS.

### (VOYEZ III, § E, § F).

1. **Jaubert de Passa**, Mémoires sur les canaux d'arrosage (Voyez III, § F).
2. **Mauny de Mornay**, Pratique des irrigations (Voyez III, § F).
3. **Polonceau**, Des eaux relativement à l'agriculture (Voyez IV, § F).
4. — Notice sur les débordements des fleuves et rivières, in-8. 1847. 1 »
5. **Puvis**, Des étangs, de leur construction, de leur produit et de leur dessèchement, 1 vol. in-8. 1845.    3 50
6. **Tackeray**, Dessèchement et assainissement des terres, machines agricoles, etc., in-8. 18 .    1 »

## § E. Culture du sol. — Défoncements. — Façons diverses. — Culture spéciale des plantes.

1. **Coinze**, Bases fondamentales de la bonne culture, 1 vol. in-8. 1847.      5 »
2. **Decaisne**, Recherches anatomiques et physiologiques sur la garance, in-4, avec planches. 1837.      12 »
3. **Dezeimeris**, Le Guide du cultivateur (Voyez VII, § A).
4. **Dumont de Courset**. Le Botaniste-Cultivateur, 7 vol. in-8. 1811.      » »
5. **Gasparin (de)**, Mémoire sur la culture du safran, broch. in-8.      » 50
6. **Girardin**, Mémoire sur les plantes sarclées, in-8. 1843.      1 75
7. — Technologie de la garance, in-8. 1844.      1 75
8. **Mauny de Mornay**, Le livre du cultivateur, 1 vol. in-18. 184 . 2 50
9. **Paquet**, Traité pratique de la culture des plantes des terres de bruyères, 1 vol. in-12. 18 .      3 50
10. **Polonceau**, Note sur la récolte des foins, grand in-8. 1845.      1 »
11. **Puvis**, Traité des amendements, chaux et marne, 2 volumes in-12. 1848.      3 50
12. **Thouin**, Cours de culture, terres, jardins, semis, plantations, 3 vol. in-8 et atlas in-4. 1827.      » »

## § F.

### 1. Sylviculture. — Horticulture. — Viticulture. — Culture spéciale des arbres.

1. Almanach du bon jardinier, un très fort vol. in-12, publié tous les ans.      7 »
2. **Batilliat (P.)**, Traité sur les vins de France, 1 volume in-8. 1846.      7 50
3. **Breton**, Nouveau guide forestier, 2e édition, 1 vol. in-18. 1845.  3 »
4. **Bricogne (Anica)**, Centurie des plus belles roses. L'ouvrage aura 50 livraisons. Prix de chaque livraison.      3 »
5. **Chambray (le marquis de)**, Art de cultiver les pommiers et de faire des cidres, 1 vol. in-12.      » 75
6. **Chaptal**, Art de faire le vin, 3e édition, revue et augmentée par M. de Valcourt, 1 vol. in-8. 1839.      6 »
7. **Delaire**, Pratique des serres (Voyez VII, § G).      » »
8. **Dubois (L.)**, Du pommier, du poirier et du cormier, 2 vol. in-12. 1804.      2 50
9. **Dubreuil**, Cours élémentaire théorique et pratique d'arboriculture, 2e édition, 1 vol. in-18 avec planche. 1850.      » »
10. **Gasparin (de)**, Mémoire sur la culture de l'olivier, 1 volume in-8. 48 .      1 75
11. **Gaudry**, Cours pratique d'arboriculture contenant les parties ou organes qui constituent un arbre fruitier, 1 vol. in-12. 1848.    2 »

12. Horticulteur (l') universel (Voyez XII, § C). » »
13. **Jacques et Herincq**, Manuel général des plantes, arbres et arbustes, 3 vol. in-8. 1847-1849. 30 »
14. Journal d'agriculture pratique (Voyez XII, § C). » »
15. **Jullien (A.)**, Manuel du sommelier, manière de soigner les vins, 5ᵉ édition, 1 vol. in-18. 1836. 3 »
16. — Topographie de tous les vignobles connus, avec une classification des vins; 4ᵉ édit., 1 vol. in-8. 1848. 7 50
17. **Lindley**, Théorie de l'horticulture, 1 volume in-8 avec planches 1841. 9 »
18. **Mauny de Mornay**, Le livre du forestier, 1 vol. in-18. 1841. 2 »
19. — Le livre du jardinier, 2 vol. in-18. 1838. 4 »
20. — Le livre du vigneron, 1 vol. in-18. 1840. 2 »
21. **Merault**, Art du jardinier, 1 vol. in-12. 1827. 3 »
22. **Noisette**, Le jardin fruitier, pépiniériste, etc., 2 vol. in-8, avec planches coloriées. 130 »
23. **Odart**, Manuel du vigneron, 1 vol. in-12. 1847. 3 50
24. — Ampelographie, ou traité des cépages, 1 vol. in-8. 1849. 7 50
25. **Paquet**, Traité de la conservation des fruits, etc., etc., 1 vol. in-18. 1844. 2 50
26. **Parade**, Cours élémentaire de la culture des bois, 1 vol. in-8. 1837. 7 50
27. **Thomas**, Culture et exploitation des bois, 2 vol. in-8. 1840. 15 »
28. **Thouin**, Plans raisonnés de toutes espèces de jardins, 1 vol. in-folio. 1820. 40 »

### 2. Vers à soie. — Abeilles.

1. **Barbo**, De la Muscardine, abrégé de l'ouvrage du docteur Bassi, in-8. 18 . 2 »
2. **Brunet de la Grange**, Tableau synoptique de la culture et de la taille du mûrier, une feuille in-plano. 3 »
3. **Charrel**, Manuel du cultivateur de mûriers, 1 vol. in-8. 1844. 3 50
4. **Chavannes de la Giraudière**, Comment avec succès on peut cultiver le mûrier dans le centre de la France, in-8. 1846. 1 75
5. **Frarière (de)**, Manuel de l'éducateur des abeilles, in-12, pl. 1843. 3 50
6. **Gelieu (Jonas de)**, Le Conservateur des abeilles, etc., in-8. 1843. 2 50
7. Plan d'une magnanerie de 12 onces, brochure in-4. 1843. 5 »
8. **Robinet**, Manuel de l'éducateur du ver à soie, 1 vol. in-8 avec gravures, 1848. 5 »
9. — Education des vers à soie, 1 vol. in-8. 1845. 4 50
10. **Varembey**, Ruche française et éducation des abeilles, 1 vol. in-8. 1843. 3 »

## § G. CONSTRUCTIONS RURALES.
### (VOYEZ VIII, § A, B, C).

1. **Arcet (d')**, Latrines-modèles construites sous un colombier ventilisé au moyen de la chaleur des pigeons, in-4 avec pl. 1843. 2 »

2. **Delaire**, Pratique des serres, 1 vol. in-12 avec planches. 1846. 3 50
3. **Morel Vindé (le vicomte de)**, Essai sur les constructions rurales économiques, etc., 1 vol. in-folio avec planches. 1824.        15 »
4. **Neumann**, Art de conduire et de gouverner les serres, 1 vol. in-4 avec 21 planches.                                            7 »
5. **Perthuis**, Traité d'architecture rurale, 1 volume in-4 avec planches. 18  .                                                    10 »
6. Revue horticole (Voyez XII, § C).                                  30 »
7. **Rohault**, Notice sur les travaux exécutés au Muséum d'histoire naturelle depuis 1833 jusqu'à ce jour, 2e édition, 1 vol. in-folio. 1844.                                                           » »
8. **Tackeray**, Observations sur la construction des granges, etc. (Voyez VII, § B).                                                     » »
9. **Thouin**, Plans raisonnés, etc. (Voyez VII, § F, 1).             » »
10. **Vitry et Hibon**, Le propriétaire architecte contenant des modèles de maisons, 2 vol. in-4.                                       29 »

## § H. Économie du bétail. — Art vétérinaire.

1. **Aure (le vicomte d')**, De l'industrie chevaline en France et des moyens d'en assurer la prospérité, 1 vol. in-8. 1840.         5 »
2. **Clater (François)**, Le Chasseur médecin, ou traité complet sur les maladies du chien; traduit de l'anglais, 1 vol. in-18. 1836.  2 »
3. — Le Vétérinaire domestique, ou l'art de guérir soi-même ses chevaux, traduit par Pretot, 1 vol. in-8, avec pl. 182  .           6 »
4. **Collot**, Traité spécial de la vache laitière, in-18, pl. 1848.  5 »
5. **Demesmay**, Utilité du sel pour les animaux, in-8. 18  .        » »
6. **Durand**, Des vaches à l'air et à l'engrais, 1 vol. in-12. 18  .  » 75
7. **Grognier**, Cours de multiplication et de perfectionnement des principaux animaux domestiques, 1 vol. in-8. 1838.              7 50
8. **Guenon**, Traité des vaches laitières, 1 vol. in-8, pl. 18  .   » »
9. **Lecoq**, Traité de l'extérieur du cheval, 1 vol. in-8, pl. 1847.  9 »
10. **Magne**, Principes d'agriculture, etc. (Voyez VII, § A).
11. **Magne**, Traité d'hygiène vétérinaire, 2 vol. in-8. 1846.      46 »
12. **Mauny de Mornay**, Livre du propriétaire-éleveur d'animaux domestiques, 1 vol. in-18. 1842.                                     2 50
13. Maison rustique du XIXe siècle (Voyez VII, § A).
14. **Marivault**, Histoire de l'agriculture (Voyez VII, § A).
15. **Villeroy**, Manuel de l'éleveur des bêtes à cornes, 1 vol. in-12. Nouvelle édition. 1850.                                       » 75

## § I. Économie de l'agriculture. — Assolements. — Législation agricole.

### (voyez X, § A, B, C, D).

1. **Catineau Delaroche**, La France et l'Angleterre sous le rapport des industries agricoles, 1 vol. in-8. 184 .                    5 »

2. Congrès central d'agriculture (Voyez VII, § A). » »
3. **Du Charmel**, Des vrais principes de l'économie rurale, 1 vol. in-8.
1835. 4 50
4. **Isoré**, Traité de la grande culture des terres pour les grandes exploitations, 2 vol. in-12. 1802. 1 50
5. **Joubert**, Agenda de comptabilité agricole, in-4 et in-12. 1847. 2 80
6. **Mauny de Mornay**, Livre de l'économie et administration rurales,
1 vol. in-18. 18 . 2 50
7. — Pratique des irrigations, etc. (Voyez III, § F). » »
8. **Mounier**, De l'agriculture, etc. (Voyez X, § A). » »
9. **Noirot**, Manuel de l'estimateur des biens fonds, 1 vol. in-12.
1846. 3 50
10. **Passy**, Du système de culture, etc. (Voyez X, § A). » »
11. **Pictet** (**Ch.**), Traité des assolements, 1 vol. in-8. 1801. 5 »
12. **Royer**, L'agriculture allemande, ses écoles, etc., 1 vol. in-8.
1847. 7 50
13. — Des institutions de crédit foncier en Allemagne et en Belgique,
1 vol. in-8. 1846. 7 50
14. — Traité de comptabilité rurale, 1 vol. in-8. 1840. 4 50
15. **Tasse** (**de la**), Comptabilité rurale, forestière, etc., 1 vol. in-4.
18 . 7 50

# VIII. ART DES CONSTRUCTIONS.

## § A. ÉLÉMENTS.

### 1. Coupe des pierres.

1. **Adhémar** (**J.**), Traité de la coupe des pierres, 3e édition revue et
augmentée, 1 vol. in-8 et atlas in-folio. 1845. 25 »
2. **Cousinery**, Le calcul par le trait, ses éléments et ses applications à la
mesure des lignes, etc., 1 vol. in-8. 1840. 5 50
3. **Leroy**, Traité de stéréotomie, théorie des ombres et coupe des pierres,
1 vol. in-4 avec atlas. 1844. 34 »
4. **Olivier**, Applications de la géométrie descriptive à la coupe des
pierres, des bois, 2 vol. in-4. 1847. 25 »
5. **Vallée** (**L.**), Traité de la coupe dez pierres. L'ouvrage sera publié en
10 livraisons in-4 avec planches. Le prix de chaque livrais. 2 50
Les livraisons 1 et 2 sont en vente.

### 2. Traités de charpente.

1. **Adhémar**, Charpente, 1 vol. in-8 et atlas in-folio. 1842 à 1848. 40 »
2. **Emy**, Art de la charpenterie, 2 vol. in-4 et atlas in-folio. 1836 à
1841. 92 »
3. **Fourneau**, L'art du trait de charpenterie, etc., 88 planches en 4 parties in-folio. 1820. 42 »

4. **Lepage**, L'art du charpentier, suivi de tables du cubage et de la résistance des bois de charpente, 1 vol. in-12 avec pl. 1827.  3 50
5. **Olivier**, Applications de la géométrie descriptive, etc. (Voyez VIII, § A, 1).  » »

### 3. Combles en fer et en bois.

1. **Eck**, Application du fer, de la fonte et de la tôle aux constructions, 2 vol. in-folio avec 146 planches. 1837-1841.  80 »
2. **Emy**, Description d'un nouveau système d'arcs pour les grandes charpentes, in-folio. 1828.  44 »
3. **Kaufmann**, Architechnographie, la 2e partie (Voyez VIII, § B).
4. **Perdonnet et Polonceau**, Portefeuille des chemins de fer. La série K, qui traite des gares, stations, fournit un grand nombre d'exemples de combles en fer et en bois (Voyez VIII, § D).

### 4. Principes de construction.

1. **Bullet**, Nouvelle architecture pratique, 2e édition mise dans un meilleur ordre par M. Jay, 2 vol. in-8 avec planches. 1840.  12 »
2. **Douliot**, Cours élémentaire théorique et pratique de construction, 4 vol. in-4, planches. 1826 à 1835.  » »
   1re partie : Mathématiques, 1 vol. in-4, planches.  » »
   2e partie : Charpente, 1 vol. in-4 de texte et 1 de planches.  » »
   3e partie : Traité de la coupe des pierres, 1 vol. in-4 de texte et 1 de planches.  » »
   4e partie : Stabilité des édifices, 1 vol. in-4.
3. **Durand**, Leçons d'architecture, 3 vol. in-4. 1801 à 1821.  60 »
4. **Fleuret**, L'art de composer les pierres factices aussi dures que le caillou, et recherches sur la manière de bâtir des anciens, sur la préparation, l'emploi et les causes du durcissement de leurs mortiers, 1 vol. in-4 avec atlas. 1807.  30 »
5. **Lebrun (F.-M.)**, Méthode pratique sur l'emploi du béton en remplacement de toute autre espèce de maçonneries dans les constructions en général, brochure in-8. 1835.  2 »
6. — Traité pratique de l'art de bâtir en béton, 1 vol. in-4 avec planch. 1843.  10 »
7. **Mignard**, Guide du constructeur, etc., 2 vol. grand in-8 et atlas in-folio. 1847.  48 »
8. **Morisot**, Tableaux détaillés des prix de tous les ouvrages de bâtiment selon leurs genres différents ; suivis d'un traité sur la manière de les toiser ou de les mesurer, 7 vol. in-8. 1823 à 1830.  60 »
9. **Normand**, Vignole des architectes, 2 volumes in-4 de 78 planches. 1827-28.  28 »
10. **Normand (Charles)**, Le vignole des ouvriers ou méthode facile pour tracer les cinq ordres d'architecture, 5e édition, 4 parties in-4. 1844-45.  44 »
11. **Pernot**, Dictionnaire du constructeur, 1 vol. in 12. 1844.  3 50

12. **Raucourt de Charleville**, Traité sur l'art de faire de bons mortiers et d'en bien diriger l'emploi, etc., 1 vol. in-8. 1828.     7 50

13. **Renard**, Parallèle, ou module centésimal des ordres d'architecture. grand in-8. 5 livraisons sont en vente. Prix de chaque liv.    2 »

14. — Vignole centésimal ou les règles des cinq ordres d'architecture de J. Barozzio de Vignole, in-8 avec pl. 1842.     8 »

15. **Sganzin**, Programme ou résumé des leçons d'un cours de constructions avec des applications tirées spécialement de l'art de l'Ingénieur des ponts et chaussées, 3 vol. in-4 et atlas in-fol. 1841.

16. **Toussaint**, Mémento des architectes, 6 vol. in-8 avec atlas de 160 planches. 1825-1838.     52 »

17. **Vicat (L. F.)**, Recherches sur les propriétés diverses que peuvent acquérir les pierres à ciments et à chaux hydrauliques, 1 vol. in-4. 1840; avec supplément. 1846.     14 50

## § B. Architecture : Édifices publics, Usines, Maisons.

1. **Baltar**, Architectonographie des prisons, 1 in-fol. avec pl. 1829. 35 »

2. **Bintzer**, La cathédrale de Cologne, traduit par Adler Mesnard, 1 vol. in-4, avec planches. 1840-42.     13 »

3. **Bruyère**, Etudes relatives à l'art des constructions, 2 vol. in-folio de 196 planches. 1828.     120 »

4. **Cavos**, Traité de la construction des théâtres, 1 vol. in-8, avec atlas in-folio. 1847.     30 »

5. **Coussin**, Génie de l'architecture, texte et atlas, in-4. 1837.     30 »

6. **Ferry**, Recueil de planches pour servir à la construction des usines métallurgiques, atlas in-folio. 1848.     » »

7. **Flachat, Barrault et Pétiet**, Traité de la fabrication de la fonte et du fer (Voyez VI, § D, 2).

8. **Gourlier, Biet**, etc., Choix d'édifices publics construits ou projetés en France, extrait des archives du conseil des travaux. 57 livraisons. Se vend par liv. de 6 pl. in-folio. 1826-1847. Chaque liv.   5 »

9. **Idzkowski**, Composition d'architecture, bâtiments de toute espèce. 8 livraisons sont en vente. Prix de chacune.     15 »

10. **Kauffmann**, Architectonographie des théâtres, 2 vol. in-8 et 2 atlas in-folio. 1837-40.     60 »

11. **Letarouilly**, Edifices de Rome moderne, tome 1er in-4 avec 116 planches in-folio. 1840.     120 »

12. Tome 2e par livraisons de six planches, 18 en vente. La livrais.   6 »

13. **Mandar**, Architecture civile, 1 vol. in-folio et 122 pl. 1829.   50 »

14. **Olincourt (d')**, Recueil d'édifices publics, etc., paraît par cahier in-folio. Prix de chaque livraison.     » »

15. **Palladio (André)**, OEuvres complètes, nouv. édition par Chapuy, 2 vol. in-folio. 365 planches dont 55 doubles. 1827-1842.   126 »

16. **Perdonnet et Polonceau**, Portefeuille des chemins de fer (Voyez VIII, § D).     » »

17. **Rondelet**, Traité de l'art de bâtir, édition stéréotype, 5 vol. in-4, atlas in-folio de 207 planches.     125 »

18. **Rondelet**, Premier supplément, 1 vol. in-4, atlas in-folio. 1847. 30  »
19. — Second supplément, 1 vol. in-4 et atlas in-folio. 1848.      30  »
20. **Vitruve**, Architecture sur les notes de Perrault, etc., 1 vol. in-4 avec atlas. 1839.      45  »
21. **Walter de Saint-Ange**, Métallurgie prat. du fer (Voy. VI, § D, 2).

## § C. Ponts :

### 1. En pierres. — 2. En bois. — 3. En fer.

1. **Breton de Champ**, Courbes à plusieurs centres, 1 volume in-4, avec planches. 1846.      4 50
2. **Buch**, Essai théorique et pratique sur les ponts obliques, EN ANGLAIS, 1 vol. in-4. 1840.      20  »
3. **Douglas**, Essai sur les ponts militaires, 1 vol. in-8 avec planches, 1824.      7  »
4. **Dufour (G.-H.)**, Description du pont suspendu en fil de fer, construit à Genève, in-4, 3 planches. 1824.      5  »
5. **Emmery (H.-C.)**, Pont d'Ivry en bois sur piles en pierre, sur la Seine près du confluent de la Marne, 1 vol. in-4 et atlas. 1832.      12  »
6. **Flachat (Eugène) et Pétiet (Jules)**, Mémoire sur les ponts suspendus avec câbles en rubans de fer laminé, 1 vol. in-8. 1842. 3  »
7. **Gauthey**, Traité de la construction des ponts, 2e édition, 3 vol. in-4. 1832.      »  »
8. **Hart**, Traité de la construction des arches obliques, EN ANGLAIS, 1 vol. in-4. 1839.      7 50
9. **Leblanc**, Pont de la Roche-Bernard, 1 vol. in-4, avec pl. 1821. 20  »
10. **Hann et Hosking**, Traité théorique et pratique de la construction des ponts, EN ANGLAIS, 2 vol. grand in-8 avec atlas in-folio. 1839-43.      120  »
11. **Navier**, Rapport à M. Becquey, et Mémoire sur les ponts suspendus, 2e édition, 1 vol. in-4, avec atlas in-folio. 1830.      »  »
12. **Perronet**, Description des projets et de la construction des ponts de Neuilly, de Mantes, d'Orléans et autres, etc., etc., 1 vol. grand in-4 avec atlas grand in-folio. Didot. 18  .      110  »
13. **Polonceau**, Pont en fonte, exécuté à l'entrée du parc de Maisons en 1822, in-4, planches. 1829.      4  »
14. **Polonceau**, Notice sur le système de ponts en fonte suivi dans la construction du pont du Carrousel, 1 vol. in-4 avec atlas in-folio. 1839.      22  »

## § D. Chemins de fer.

### 1. Tracé. — Construction. — Exploitation.

1. **Bartholony**, Du meilleur système à adopter pour l'exécution des travaux publics en France et notamment des grandes lignes de chemins de fer, 2 vol. in-8. 1839.      7 50

2. **Belpaire**, Carte du mouvement des transports en Belgique, 1 vol. in-8, avec planches et notice. 1847. 5 »

3. — Traité des dépenses d'exploitation au chemin de fer, 1 fort vol. in-8, avec tableaux. 1847. 10 »

4. **Brees**, Science des chemins de fer, etc, 1 vol. in-4 et atlas in-folio de 77 planches. 1841. 32 »

5. **Cornet**, Album des chemins de fer, résumé graphique (destiné à être lavé par les élèves) du cours professé par M. Perdonnet à l'Ecole centrale des arts et manufactures, in-8, avec 60 pl. 1849. 9 »

6. **Daru**, Des chemins de fer et de l'application de la loi du 11 juin 1842, 1 vol. in-8. 1843 

7. **Deniel**, De la construction et de l'exploitation des chemins de fer en France, 1 vol. in-8. 1845. 4 »

8. **Etzell**, Disposition des grands chantiers de terrassement, 1 vol. in 4 et atlas de 26 planches in-folio. 1839. 12 »

9. **Grégory**, Mémoire sur les éboulements, traduit de l'anglais, *appendice au Portefeuille* de MM. Perdonnet et Polonceau, 1 volume in-8. 1845. 2 50

10. **Leris**, Essai administratif sur l'exploitation pratique des chemins de fer français, 1 vol. in-12. 1848. 5 »

11. **Lobet**, Les chemins de fer en France et des différents principes appliqués à leur tracé, à leur construction et à leur exploitation, 1 vol. in-12. 1845. 4 50

12. **Minard**, Leçons faites sur les chemins de fer, à l'Ecole des ponts et chaussées, en 1833-1834, 1 vol. in-4. 1834. » »

13. **Olivier** (**Th.**), De la cause du déraillement des wagons sur les courbes des chemins de fer, in-8, 2 planches. 1847. 2 »

14. **Perdonnet et Polonceau**, Portefeuille de l'ingénieur des chemins de fer, 3 vol. in-8 avec atlas de 144 planches in-folio. 1846. 130 »

NOTA. Des appendices destinés à tenir cet important ouvrage au courant de toutes les nouveautés en machines, bâtiments, etc., paraissent à mesure des besoins.

15. Premier appendice, in-8 avec planches, publié en 1847. 15 »

16. Deuxième id. id. id. 1848. 15 »

17. **Poussin**, Chemins de fer américains; construction, prix de revient (Voyez VIII, § D. 3).

18. **Saint-Léon**, Manuel pratique des chemins de fer à l'usage des voyageurs, etc., 1 vol. in 48. 1845. 2 »

19. **Schillings**, Traité pratique d'exploitation des chemins de fer à l'usage des agents et employés, 1 vol. in-8. 1848. 3 50

20. **Seguin**, De l'influence des chemins de fer et de l'art de les tracer et de les conduire, etc., 1 vol. in-8. 1839. 7 50

21. **Simms**, Construction des travaux souterrains, et particulièrement des tunnels de Bleckingley et de Saltwood, traduit par Santin, in-8 avec planches. 1847. 9 »

22. **Teisserenc**, De la politique des chemins de fer et de ses applications diverses, in-8 avec planches. 1842. 8 50

23. — Etudes sur les voies de communication, 2 vol. in-8 1847. 14 »

24. **Teisserenc**, Les travaux publics en Belgique et les chemins de fer en France, 1 fort in-8. 1839. 8 »
25. **Tourneux (Félix)**, Encyclopédie des chemins de fer et des machines à vapeur à l'usage des gens du monde, 1 vol. in-12. 1844. 5 »
26. **Whitelock**, Journal des chemins de fer (Voyez XII, § B).
27. **Wood (Nich)**, Traité pratique des chemins de fer, traduit avec notes de Montricher, Franqueville et Ruolz, 2 vol. in-4. 1834. 15 »
28. **Wood**, Traité pratique des chemins de fer, 1 très fort vol. grand in-8. (NOUVELLE ÉDITION ANGLAISE). 1842. » »

## 2. Administration. — Législation. — Économie.

1. Les ouvrages de Bartholony, — Belpaire, — Daru, — Lobet, — Teisserenc (Voyez à l'art. ci-dessus § D, 1).
2. **Bères (Em.)**, Éléments d'une nouvelle législation des chemins vicinaux, chemins de fer et canaux, 1 vol. in-8. 1831. 2 »
3. **Cerclet**, Code des chemins de fer, tome 1er, in-8. 1845. 7 50
4. **Cronier**, Précis sur les chemins de fer de la France, moyens financiers d'achever sans retard l'établissement du réseau, etc., 1 vol. in-8. 1847. 9 »
5. **Gand**, Traité de la police et de la voirie des chemins de fer, et de la législation des locomotives, 1 vol. in-8. 1846. 7 50
6. **Guillaume (Achille)**, De la législation des rails-routes ou chemins de fer en Angleterre et en France, 1 vol. in-8. 1838. 6 »
7. **Jullien (Ad.)**, Diverses notes sur les prix des transports de la Belgique, sur les chemins de fer en Angleterre et sur les travaux et dépenses du chemin de fer d'Orléans, 3 brochures in-8. 1843-45. » »
8. **Lobet**, Des chemins de fer, etc. (Voyez VIII, § D, 1).
9. Loi sur la police des chemins de fer promulguée le 21 juillet 1846, broc. in-18. 1846. » 30
10. — La même sur papier collé, avec grandes marges, in-8. 1 50
11. — La même, placard grand in-folio. 1 25
12. **Nadault de Buffon**, Considérations, etc. (Voyez VIII, § E).
13. **Nogent Saint-Laurent**, Législation et jurisprudence des chemins de fer, 1 vol. in-8. 1841. 8 »
14. **Pecqueur**, Législation des chemins de fer, 2 vol. in-8. 1840. 12 »
15. **Ravenez**, Simple exposé des principes de comptabilité pour le bureau des marchandises, in-4. 1846. 1 50
16. **Rebel et Juge**, Législation des chemins de fer, 1 vol. in-8. 1847. 7 50
17. **Reden (De)**, Législation des chemins de fer en Allemagne, traduite de l'allemand avec une introduction et des notes par Prosper Tourneux, 1 vol. in-8. 1845. 7 50
18. **Smith**, Lois européennes et américaines sur les chemins de fer, moyens de transport, etc., 1 vol. in-4. 1837. 12 »
19. **Teisserenc**, Recherches sur la détermination du prix de revient des transports par voie de fer et par voie d'eau (Extrait des études sur les voies de communication, etc., etc.). 1 vol. in-8. 1847. 8 »

### 3. Chemins de fer des divers pays et de systèmes divers.

Allemagne.

1. **Bourgoing**, Tableau de l'état des chemins de fer en ALLEMAGNE, 1 vol. in-8. 1842. 7 50
2. **Lechatelier**, Chemins de fer d'ALLEMAGNE, 1 vol. in-8 avec carte. 1845. 9 »
3. **Tourneux (Prosper)**, Législation des chemins de fer en ALLEMAGNE (Voyez Reden VIII, § D, 2).

Amérique.

4. **Chevalier (Michel)**, Des voies de communication (Voyez VIII, § E).
5. **Hodge**, Des machines à vapeur aux Etats-Unis d'AMÉRIQUE (Voyez III, § B).
6. **Poussin (C.-T.)**, Chemins de fer AMÉRICAINS ; historique de leur construction, prix de revient, produit, in-4, pl. 1836. 13 »
7. **Smith**, Lois européennes et AMÉRICAINES (Voyez (VIII, § D, 2).
8. **Stucklé (H.)**, Voies de communications aux États-Unis, étude technique et administrative, 1 vol. in-8 avec carte. 1847. 8 »

Angleterre.

9. **Bineau**, Chemins de fer anglais, 1 vol. in-8. 1840. 7 »
10. **Bourne**, Chemin de fer de Londres à Birmingham, très beau volume in-folio, EN ANGLAIS, avec planches. 1844. 120 »
11. — Chemin de fer Great-Western, EN ANGLAIS, très beau volume in-folio avec planches. 1846. 120 »
12. **Poussin**, Notice sur les chemins de fer anglais, ou résumé analytique des principaux renseignements, etc., grand in-8. 1840. 3 »
13. **Roscoe**, Chemin de fer de Londres à Birmingham, EN ANGLAIS, 1 vol. in-8 avec de très jolies vues. 1838. 21 »
14. **Whishaw**, Chemins de fer, de l'Angleterre et de l'Irlande, EN ANGLAIS, nouvelle édition, 1 volume in-4 et planches. 1845. 45 »

Belgique.

15. **Simons et de Ridder**, Le chemin de fer belge, ou recueil des mémoires et devis pour l'établissement du chemin de fer d'Anvers et Ostende à Cologne, etc., 1 vol. in-8 avec planches. 1839. 15 »
16. Rapport annuel des ministres belges sur les chemins de fer, 1 vol. petit in-folio, se publie chaque année. » »

France.

17. **Bazaine et Chaperon**, Description du chemin de fer de Strasbourg à Bâle et de Mulhouse à Thann, construction et exploitation, 1 vol. in-4 et atlas in-folio. 1844. La 1re partie est en vente. 45 »
18. **Bruchet (Hyacinthe)**, Chemin de fer de Paris à Lyon par la Bourgogne, brochure in-8. 1842. 2 »
19. **Champeaux (E. de)**, Réflexions sur le chemin de fer de Paris à Lyon par la Bourgogne, brochure in-8. 1842. » 75
20. **Corréard**, Mémoire sur le projet d'un chemin de fer de Paris à Bordeaux, 1 vol. in-4 et planches. 1838. 20 »

21. **Flachat (Eugène) et Pétiet (Jules)**, Projet de chemin de fer de Metz à Sarrebruck, grand in-8 avec planches. 1839. 3 50
22. — Chemin de fer de Sedan à la frontière belge, 1 vol. in-8 avec planches. 1839. 3 50
23. **Kerizouet**, Etablissement d'un chemin de fer dans l'intérieur de Paris, brochure in-8 avec planches. 1845. 2 50
24. **Poussin**, Examen comparatif de la question des chemins de fer en 1839, en France et à l'étranger, grand in-8. 1839. 3 50

Italie.

25. Chemin de fer Léopold, de Florence à Livourne, in-8, pl. 1844. 2 »

Système atmosphérique.

26. **Andraud**, De l'air comprimé et dilaté comme force motrice, etc., in-8 avec planches. 1844. 3 »
27. **Dubern**, Application de l'air atmosphérique aux chemins de fer, in-8. 1846. 1 »
28. **Mallet**, Enquête sur le système atmosphérique, in-4. 1844. 10 »
29. **Samuda**, Rails-ways atmosphériques, ou application de la pression atmosphérique à la traction par les rails-ways, 1 vol. in-8. 1842. 2 50
30. **Teisserenc**, Rapport adressé à M. le ministre des travaux publics sur les chemins de fer, brochure in-4. 8 »

Système automoteur.

31. **Peyret-Lallier**, Nouveau système de chemins de fer automoteurs, in-8. 1840. 1 50

Chemin de fer hydraulique.

32. **Suhttleworth**, Chemin de fer hydraulique, EN ANGLAIS, broch. in-8. 1842. 3 »

Systèmes divers.

33. **Arnoux (Cl.)**, Système de voitures pour les chemins de fer de toute courbure, in-4. 1838. 9 »
34. **Gibon (Alexandre)**, Aperçu des divers systèmes de chemins de fer, in-8. 1845. 1 50
35. **Laignel**, Nouv. système de courbes à très petit rayon, in-8. 1838. 2 »
36. — Frein d'une très grande puissance, destiné à éviter les accidents sur les chemins de fer, in-4. 184 .

Rues de fer.

37. **Kerizouet**, Rues de fer, locomotion dans les grandes villes, in-8 et 2 planches. » 75
38. Chemins de fer employés dans les mines (Voy. Ann. des mines, XII, § C).

## § E. ROUTES. — CANAUX. — ÉCLUSES. — PORTS.

1. **Andreossy**, Histoire du canal du Midi, 2 vol. in-4. 1804. 42 »
2. **Bélidor**, Architecture hydraulique (Voyez III, § A).
3. — Science des ingénieurs (Voyez III, § C).
4. **Chevalier (Michel)**, Voies de communication et travaux d'art aux Etats-Unis, 2 vol. in-4 avec atlas. 1840-43. 50 »
5. **Cordier**, Essai sur la construction des routes, 2 vol. in-8 avec atlas in-folio. 1828. 42 »

6. **Edgeworth (Richard Lovell)**, Essai sur la construction des routes et des voitures ; traduit, sur la 2ᵉ édit., par J.-M. Ballyet, et notice sur le système Mac-Adam, 1 vol. in-8. 1827.     8 »

7. **Flachat et Burat**, De la police du roulage, etc., in-8. 1836. 2 50

8. **Girault (J. P.)**, Mémoire sur un nouveau moyen d'emplir et de vider les écluses, 1 vol. in-4 et planches. 1825.     13 »

9. **Huerne de Pommeuse**, Des canaux navigables, 1 vol. in-4 avec atlas. 1822.     » »

10. **Minard**, Cours de construction des ouvrages hydrauliques des ports de mer, 1 vol. in-4 avec atlas. 1846.     25 »

11. — Cours de construction des ouvrages qui établissent la navigation des rivières et des canaux, 1 vol. in-4 avec atlas. 1841.     36 »

12. **Nadault de Buffon**, Considérations sur les trois systèmes de communications intérieures, in-4. 1836.     3 »

13. **Poirel**, Mémoire sur les travaux à la mer, 1 vol. in-4, atlas. 1841. 20 »

14. **Polonceau**, Notice sur l'amélioration des routes en empierrements par l'emploi des matières d'agrégation, et au moyen de la compression des cylindres d'un grand diamètre et d'un grand poids, etc., 1 vol. in-4 avec planches. 1844.     7 »

15. **Poncelet**, Nouveau système d'écluses, in-4 avec planches. 1845. 6 »

16. **Poussin**, Travaux d'amélioration intérieure des Etats-Unis d'Amérique, 1 vol. in-4 et atlas in-folio. 1834.     22 »

17. **Prony (de)**, Nouvelle architecture hydraulique contenant l'art d'élever l'eau au moyen de différentes machines, de construire dans ce fluide, etc., etc., 2 vol. in-4. 1790.     96 »

18. **Simms**, Travaux publics, EN ANGLAIS, 1 magnifique vol. in-folio avec un grand nombre de planches. 1839.     120 »

19. **Teisserenc**, Les chemins de fer, etc. (Voyez VIII, § D, 1).

20. **Telfort**, Sa vie et ses travaux, EN ANGLAIS, 1 volume in-4 très fort et 1 magnifique atlas in-folio. 1838.     250 »

## § F. CONSTRUCTION DES VAISSEAUX.

1. **Bernouilli**, Essai d'une nouvelle théorie de la construction des vaisseaux, 1 vol. in-8. 18     5 »

2. **Campaignac**, Etat de la navigation, etc. (Voy. III, § D, 5).

3. **Dupuy de Lome**, Mémoire pour la construction des bâtiments en fer, in-4 avec atlas grand in-folio. 1842.     30 »

4. **Étroyat (d')**, Traité élémentaire d'architecture navale, 2 cahiers in-4 avec atlas in-folio. 1845-1846.     20 »

5. **Euler**, Théorie complète de la construction et de la manœuvre des vaisseaux, 1 vol. in-8. 18     7 »

6. **Lesnard**, Description d'un nouveau système de rames verticales pour remplacer les roues à aubes des bâtim. à vap., in-4, 1 pl. 1842. 2 50

7. **M.·**. . . Etudes comparatives sur l'armement des vaisseaux (Voyez III, § D, 2).

8. **Mazaudier**, Guide pratique d'architecture navale, 2 vol. in-8 et atlas. 1840.     20 »

9. **Vial du Clairbois**, Traité élémentaire de la construction des vaisseaux, 2 vol. in-4 avec planches. 1792.     36 »

# IX. ARTS D'IMITATION.

## § A. DESSIN LINÉAIRE.

1. **Armengaud aîné, Ch. Armengaud jeune** et **Amouroux**, Nouveau cours de dessin industriel appliqué principalement à la mécanique et à l'architecture, 2ᵉ édition, in-8 et atlas, demi-reliure, dos en toile. 1849.      27 50

2. **Bardon**, Cours de dessin linéaire, à l'usage des arpenteurs, géomètres du cadastre, agents voyers, etc., etc., 1 vol. in-8 et atlas grand in-folio. 1839.      » »

3. **Bergery (G.-L.)**, Dessin linéaire à vue pour les écoles primaires, cahier in-folio, imprimé d'un côté. 1835.      5 »

4. **Fau (le doct. J.)**, Anatomie artistique élémentaire à l'usage des élèves des écoles de dessin et des pensions, avec 17 planches d'après nature par Léveillé, 1 vol. in-8, cartonné.      6 »

5. — Le même, figures coloriées avec soin.      12 »

6. **Guettier**, Cours élémentaire de dessin linéaire, à l'usage des écoles d'arts et métiers, 1 vol. in-folio. 1846.      6 »

7. **Lebéalle**, Cours théorique et pratique de dessin linéaire, lavis et ornement, à l'usage des établissements d'instruct. primaire et secondaire, autorisé par l'Université, 2ᵉ édit., 8 parties in-4. 1849.      16 »

8. **Leblanc**, Choix de modèles appliqués à l'enseignement du dessin, 3ᵉ édition, 1 vol. in-4 et atlas in-folio. 1844.      22 »

9. **Locard**, Dessin linéaire appliqué aux arts et à l'industrie, 1 vol. in-8 et atlas in-folio. 1847.      18 »

10. **Olivier**, Collection de nœuds à l'usage des ingénieurs, cahier in-folio. 1830.      5 »

11. **Vallée**, Traité de la science du dessin, 2ᵉ édit., 2 vol. in-4. 1838. 20 »

## § B. PERSPECTIVE. — OMBRES.

1. **Adhémar (J.)**, Traité de perspective, revu et corrigé, 1 vol. in-8 et atlas in-folio. 1846.      25 »

2. — Traité des ombres, 1 vol. in-8 et atlas in-folio. 1840.      15 »

3. **Armengaud aîné, Armengaud Charles** et **Amouroux**, Études complètes d'ombres et de lavis appliquées au dessin des machines et d'architecture, recueil méthodique de planches, teintées, coloriées et lavées à l'effet, 1 vol. in-8, avec atlas cartonné. 1849.      15 »

4. **Clinchamp**, Nouveau traité de perspective, in-4 avec atlas. 1840. 12 50

5. **Isabeau**, Perspective pratique comprenant la perspective linéaire et aérienne, à l'usage des ouvriers, 1 vol. in-12. 1827.      3 »

6. **Laurent**, Perspective linéaire et aérienne, 1 vol. in-8. 1840.      6 »

7. **Leblanc**, Choix de modèles (Voyez IX, § A).

8. **Lespinasse**, Traité de perspective linéaire, in-8 avec pl. 1823.      7 50

9. **Normand**, Vignoble ombré, 1 vol. in-folio. 1847.      18 »

10. **Olivier**, Applications de la géométrie aux ombres, à la perspective, à la gnomonique et aux engrenages, 2 vol. in-4, dont 1 de planches. 1847.      25 »

11. **Tripon**, Études de projections d'ombres et de lavis, 2 vol. in-4, dont 1 de planches lavées. 1848. » »

## § C. LAVIS. — PEINTURE.

1. **Bouvier**, Manuel des jeunes artistes et amateurs de peinture. 1 vol. in-8. 18 . 10 »
2. **Fau (le doct. J.)**, Anatomie artistique, etc. (Voyez IX, § A).
3. **Knab**, Tableaux peints destinés à l'enseignement (échelle de 1/2 à 1/5 de grandeur naturelle), 5 grands tableaux de 1m70 sur 1m45, vernis, collés sur toile, avec rouleaux en bois à chaque bout. 90 »
4. — Les mêmes se vendent séparément chacun. 21 »
5. **Laurent**, Perspective linéaire, etc. (Voyez IX, § B).
6. **Lespinasse (L.-N.)**, Traité du lavis des plans, etc., etc., 2e édition, 1 vol. in-8, avec planches. 1818. 5 »
7. **Maviez**, Traité complet théorique et pratique de la peinture en bâtiments, 2e édition, 1 vol. in-8. 1838. 7 »
8. **Mérimée. (J.-F.-L.)**, De la peinture à l'huile, procédés matériels, etc , 1 vol. in-8. 1830. 6 »
9. **Perdoux**, Traité de perspective pratique, appliquée à la peinture, 1 vol. in-8, planches. 1834. 6 »
10. **Perrot**, Modèles de topographie (Voyez II, § B).
11. **Piles**, Art de la peinture, 1 vol. in-12. 18 . 3 »
12. **Tripon**, Traité élémen. de topographie et de lavis, in-4. 1847. 8 »

## § D. IMPRESSIONS.

### 1. Sur étoffes.

1. Les traités de Dumas, — Chevreul, — Girardin, — Leuchs, etc., etc. (Voyez V, § C).
2. Bulletin de la Société industrielle de Mulhouse (Voyez XII, §B).
3. **Decaisne**, Recherches sur la garance (Voyez VII, § E).
4. **Gonfreville**, Art de la teinture des laines, 1 très fort volume in-8, avec tableaux, échantillons, etc. 1848. » »
5. **Hellot**, Art de la teinture des laines, 1 vol. in-12. » »
6. **Homassel**, Cours théorique et pratique de l'art de la teinture, 1 vol. in-8. 1800. » »
7. **Lepileur d'Apligny**, L'Art de la teinture des fils de coton, in-12. » »
8. **Persoz**, Traité théorique et pratique de l'impression des tissus, 4 vol. in-8 avec atlas in-4. 1846. 70 »
9. **Vitalis**, Cours élémentaire de teinture sur laine soie, etc., sur l'art d'imprimer sur étoffes, 2e édition, 1 vol. in-8. 1848. 6 »

### 2. Typographie. — Lithographie.

1. **Brun**, Manuel typographique, 1 vol. grand in-18. 1832. » »
2. **Engelmann**, Rapport sur la lithographie introduite en France, adressé à la Société d'Encouragement de Paris, in-8. » »
3. **Fournier**, Manuel de typographie, 2 vol. in-12. 18 . » »

# X. ÉCONOMIE POLITIQUE.

## § A. TRAITÉS GÉNÉRAUX.

1. **Audigane**, L'industrie française depuis la révolution de Février et l'exposition de 1849, in-12. 1849.      1 »

2. **Blanqui**, Histoire de l'économie politique depuis les anciens jusqu'à nos jours, 2 vol. in-8. 1845.      10 »

3. **Chevalier (M.)**, Cours d'économie politique, 2 vol. in-8. 1842.   15 »

4. **Comte**, Traité de la propriété, 2 vol. in-8. 1834.      10 »

5. **Droz (E.)**, Économie politique, 2e édit., 1 vol. in-18. 1846.    3 50

6. **Dumont**, Des travaux publics dans leurs rapports avec l'agriculture, 1 vol. in-8. 1848.      6 50

7. **Ganilh**, Principes d'économie politique et de finance appliqués dans l'intérêt de la science, 1 vol. in-8. 1835.      12 »

8. **Garnier**, Eléments d'économie politique, 1 vol. in-18. 1848.   3 50

9. **Jobard**, Nouvelle économie sociale, ou Monautopole industriel commercial, etc., 1 vol. in-8. 1844.      7 »

10. **Laboulaye (Ch.)**, De la démocratie industrielle, 2e édition revue et augmentée, 1 vol. in-12. 1849.      3 »

11. **Malthus**, Principes d'économie politique considérés sous le rapport de leur applicat. prat., trad. par Fonteyraud, 1 vol. in-8. 1844. 10 »

12. **Mathieu de Dombasles**, De l'avenir industriel en France, in-8. 1835.      » »

13. — Lettres sur les chemins vicinaux, in-8. 1836.      » »

14. **Mounier**, De l'agriculture en France d'après les documents officiels, avec notes par Rubichon, 2 vol. in-8. 1845.      15 »

15. **Passy**, Des systèmes de culture, 1 vol. in-8. 1846.      3 50

16. **Pecchio**, Histoire de l'économie politique en Italie, traduit par Léonard Gallois, 1 vol. in-8. 1830.      6 »

17. **Proudhon**, Système des contradictions économiques, 2 vol. in-8. 15 »

18. **Ricardo**, OEuvres complètes, traduites par Constancio et Fonteyraud, avec des notes, 1 vol. grand in-8. 1848.      10 »

19. **Rossi**, Cours d'économie politique (fait au Collége de France), 2 vol. in-8. 1843.      15 »

20. **Say**, Catéchisme d'économie polit., 4e édit., 1 vol. in-12. 1835.   2 »

21. **Say (Jean-Baptiste)**, Cours complet d'économie politique pratique, 2e édition, 2 vol. grand in-8. 1839.      20 »

22. — Traité d'économie politique, 1 vol. grand in-8. 1840.   15 »

23. **Scialoja**, Principes d'économie sociale, traduits de l'italien par Devillers, 1 vol. in-8. 1844.      7 50

24. **Sénior (N.-W.)**, Principes fondamentaux de l'économie politique, etc., 1 vol. in-8. 1836.      7 50

25. **Sismondi**, Nouveaux principes d'économie politique, 2 vol. in-8. 1837.      15 »

26. **Turgot**, Ses œuvres, 2 vol. in-8. 1841.      20 »

27. **Urbain (Nestor)**, Introduction à l'étude de l'économie politique, 1 vol. in-8. 1833.      3 50

28. **Villeneuve Bargemont (Alban de)**, Histoire de l'économie politique, 2 vol. in-8. 1841. 15 »
29. **Wolowski**, Etudes d'économie politique et de statistique, 1 vol. in-8. 1848. 7 50

# § B.

## 1. Crédit public.

1. **Augier (Marie)**, Du crédit public et de son histoire, 1 vol. in-8. 5 »
2. **Bailly**, Histoire financière de la France, 2 vol. in-8. 1839. 15 »
3. **Bresson**, Histoire financière de la France depuis l'origine jusqu'à l'année 1828, etc., 2 vol. in-8. 1843. 15 »
4. **Cieszkowski**, Du crédit et de la circulation, 2ᵉ édition, 1 vol. in-8. 1847. 7 50
5. **Gaudillot**, Essai sur la science des finances, 1 vol. in-8. 1840. 7 50
6. **Macarel et Boulatignier**, De la fortune publique en France et de son administration, 3 vol. in-8. 1838-40. 24 »
7. **Moskowa (la)**, Du papier-monnaie et de la démonétisation des espèces considérées dans leurs rapports avec les besoins du pays et les développements de la fortune publique, in-8. 1848. 2 »
8. **Pebrer (Pablo)**, Histoire financière et statistique de l'empire britannique, traduit par Jacobi, 2 vol. in-8. 1834. 12 »
9. **Royer**, Des institutions du crédit foncier (Voyez VII, § I).
10. **Smith**, Recherches sur la richesse des nations, 6 vol. in-8. 18 »
11. —Recherches sur la nature et les causes de la richesse des nations, traduit par J. Garnier, 2 vol. grand in-8. 1843. 20 »

## 2. Manufactures. — Commerce. — Administration.

1. **Babbage**, Traité sur l'économie des machines et des manufactures, 2ᵉ édition, 1 vol. in-8. 1834. 7 50
2. **Blanqui**, Cours d'économie industrielle, professé au Conservatoire des Arts et Métiers, 3 vol. in-8. 1837-38. 18 »
3. — Le même, 4ᵐᵉ vol. in-8. 1839. 7 »
4. **Clément (Pierre)**, Histoire de la vie et de l'administration de Colbert, 1 vol. in-8. 1846. 8 »
5. Dictionnaire du commerce et des marchandises, 2 forts vol. in-4 et atlas. 1844. 30 »
6. **Hedde, L. Renard, A. Haussmann et Natal. Roudot**, Etude pratique du commerce de la Chine, 1 vol. grand in-8. 1848. 6 »
7. Description méthodique des produits divers recueillis dans un voyage en Chine, 1 vol. grand in-8. 1848. 15 »
8. **Layet de Podio**, Le parfait capitaine, etc. (Voyez III, § D, 2).
9. **Massé**, Le droit commercial dans ses rapports avec le droit des gens, etc., 6 vol in-8. 1844-47. 45 »
10. **Mézières**, Comptabilité commerciale et manufacturière, ou Cours théorique et pratique de la tenue des livres enseignée aux élèves de l'Ecole de Chalons, 1 vol. in-8. 1846. 4 »

11. — Comptabilité commerciale, ou Cours théorique et pratique de la tenue des livres en partie double, in-8 et atlas, 1835.     7 »
12. **Nouguier**, Des tribunaux de commerce (Voyez X, § D, 8).
13. Nouveau manuel de l'escompteur, du banquier, du capitaliste et du financier, 1 vol. in-12. 1848.     5 »
14. **Say (H.)**, Études sur l'administration de la ville de Paris et du département de la Seine, 1 vol. in-8, avec cartes. 1846.     8 »
15. **Ure (Andrew)**, Philosophie des manufactures ou Économie industrielle de la fabrication du coton, de la laine, etc., 2 vol. in-12. 1836. 10 »
16. **Vivien**, Études administratives, 1 vol. in-8. 1845.     7 50

### 3. Intérêts matériels. — Travail. — Bienfaisance.

1. **Boyeldieu d'Auvigny**, Les droits du travailleur, 1 vol. grand in-18. 1846.     3 »
2. **Chevalier (Michel)**, Des intérêts matériels en France, 1 volume in-8. 1838.     8 »
3. **Dunoyer (Ch.)**, De la liberté du travail. 3 vol. in-8. 1845.     22 50
4. **Dutouquet**, De la condition des classes pauvres à la campagne, 1 vol. in-8. 1846.     2 75
5. **Esterno (d')**, De la misère, de ses causes, de ses effets, etc., etc., 1 vol. in-8. 1842.     4 50
6. **Fix (Théod.)**, Observations sur l'état des classes ouvrières, 1 volume in-8. 1846.     7 50
7. **Fregier**, Des classes dangereuses de la population, 2 in-8. 1841. 14 »
8. **Garnier**, Sur l'association, l'économie politique et la misère, in-8. 1846.     1 50
9. **Gérando (de)**, De la bienfaisance publique, traité complet de l'industrie considérée dans ses rapports avec l'économie sociale, etc., 4 vol. in-8. 1839.     30 »
10. **Laborde (de)**, De l'esprit d'association dans tous les intérêts de la communauté, 1 vol. in-8. 1834.     7 »
11. **La Farelle (de)**, Du progrès social, etc., 2e éd. in-8. 1847.   7 50
12. **Malthus**, Essai sur la population (Voyez X, § C).
13. **Parent Duchâtelet**, De la prostitution dans la ville de Paris, 2 vol. in-8.     16 »
14. **Proudhon**, Création de l'ordre dans l'humanité, in-12. 1843. 4 »
15. **Reybaud**, Études sur les réformateurs contemporains ou socialistes, 2 vol. in-8. 1844-47.     10 »
16. — Le même, 2 vol. grand-in-18. 1847.     7 »
17. **Villermé**, Tableau de l'état physique et moral des ouvriers, 2 volumes in-8. 1840.     15 »
18. **Wolowski**, Organisation du travail, in-8.     1 »

## § C. STATISTIQUE, ETC.

1. **Dufau**, Traité de statistique, 1 vol. in-8. 1840.     7 »
2. **Faucher (Léon)**, Études sur l'Angleterre, 2 vol. in-8. 1845.   15 »

3. **Malthus**, Essai sur le principe de la population, avec des notes de J. Garnier, etc. 1 vol. grand in-8. 1845. 10 »
4. **Moreau de Jonnès**, Eléments de statistique, principes généraux, 1 vol. grand in-18. 1847. 3 50
5. **Schnitzler**, Statistique générale méthodique et complète de la France, 4 vol. in-8. 1843 à 1846. 30 »
6. **Tapiès (de)**, La France et l'Angleterre, 1 vol. in-8. 1845. 8 »
7. **Ure (Andrew)**, Philosophie des manuf., etc. (Voy. X , § B, 2).
8. **Wolowski**, Études d'économie politique (Voyez X, § A).

## § D. LÉGISLATION INDUSTRIELLE. — JURISPRUDENCE ADMINISTRATIVE, ETC.

### 1. Codes. — Recueils d'ordonnances. — Arrêts.

1. **Bacqua**, Codes de la législation française, etc., 1 vol. in-8. 1847. 10 »
2. — Le même ouvrage, en 1 vol. in-18. 1847. 5 »
3. **Boucher**, Introduction au droit maritime, 1 vol. in-4, 18 . 18 »
4. **Celliez**, Dictionnaire usuel de législation commerciale et industrielle, 1 vol. in-8. 1836. 10 »
5. **Cerclet**, Code des chemins de fer (Voyez VIII, § D, 2).
6. **Chabrol, Chameane**, Dictionnaire de législation usuelle, 2 vol. grand in-8. 1844. 16 »
7. **Cotelle**, Cours de droit administratif appliqué, 3 vol. in-8. 1838, 1839. 21 »
8. **Franque**, Code des prud'hommes (Voyez X, § D, 7).
9. **Galisset**, Corps du droit français mis en ordre et annoté, 15 forts vol. in-3 compactes. 1829-1846. 110 »
10. **Gand**, Traité général de l'expropriation pour cause d'utilité publique, 1 vol. in-8. 1842. 7 50
11. **Lerat de Magnitot**, Dictionnaire du droit public administratif, 2 vol. in-4. 1838. 20 »
12. **Locré (le baron de)**, La législation civile, commerciale, etc., 31 vol. in-8. 120 »
13. **Paillet**, Manuel du droit français, 1 vol. in-4. } 30 »
14. — Le même, 2 vol. in-8. 1838. }
15. **Rogron**, Codes français expliqués par leurs motifs, 2 forts vol. in-4. 1847. 35 »
16. **Wolowski**, Cours de législation industrielle, introduction, in-8. 1840. 1 »

### 2. Droit politique. — Administratif. — Commercial, etc.

1. **Affre**, Traité de l'administration temporelle des paroisses, 4ᵉ édition, 1 vol. in-8. 1846. 7 »
2. — Traité de la propriété des biens ecclésiastiques, etc., 1 vol. in-8. 1837. 6 »

3. **Bioche**, Dictionnaire de procédure civile et commerciale, 3e édition, 6 vol. in-8. 1846. 48 »

4. **Boulay-Paty**, Cours de droit commercial maritime, 4 volumes in-8. 1844. 20 »

5. **Chauveau (Adolphe)**, Principes de compétence et de juridiction administrative, 3 vol. in-8. 24 »

6. **Cormenin**, Droit administratif, 5e édit., 2 vol. in-8. 1840. 14 »

7. **Davenne**, Régime administratif et financier des communes, 4 volume in-8. 1844. 9 »

8. **Devilleneuve et Massé**, Dictionnaire du contentieux commercial, 2 vol. grand in-8. 1845. 16 »

9. **Dufour**, Traité de la police des cultes, 2 vol. in-8. 1846. 13 »

10. — Traité général du droit administratif appliqué, 4 volumes in-8. 1844. 32 »

11. **Dumesnil**, De l'organisation et des attributions des conseils généraux de départements et des conseils d'arrond., 2 vol. in-8. 1843. 14 »

12. **Foucart**, Éléments de droit public et administratif, exposition méthodique, 3 vol. in-8. 1843. 24 »

13. **Fremery**, Études de droit commercial, 1 vol. in-8. 1833. 8 »

14. **Gérando (de)**, Institutes du droit administratif, 5 vol. in-8. 1846. 42 »

15. **Goujet et Merger**, Dictionnaire de droit commercial, 4 vol. in-8. 1845. 30 »

16. **Laferrière**, Cours de droit public et administratif, in-8. 1840. 9 »

17. **Macarel**, Cours de droit administratif, professé à la Faculté de droit de Paris, 4 vol. in-8. 1844 à 1847. 30 »

18. — Des tribunaux administratifs ou Introduction à l'étude de la jurisprudence administrative, 4 vol. in-8. 1828. » »

19. — Éléments de droit politique, 4 vol. in-12. 18 . 3 50

20. **Massé**, Le Droit commercial dans ses rapports avec le droit civil et le droit des gens, 6 vol. in-8. 1844-47. 45 »

21. **Pardessus**, Cours de droit commercial, 5e éd., 6 v. in-8. 1842. 50 »

22. **Poirel**, Lois organiques du gouvernement et de l'administration de la France, 4 vol. in-8. 1845. 6 »

23. **Proudhon**, Traité du domaine public, 5 vol. in-8. 1844. 37 50

24. — Traité des droits d'usufruit, d'habitation, etc., 7 v. in-8. 1836. 45 »

25. — Traité du domaine de propriété, 3 vol. in-8. 1839. 24 »

26. **Serrigny**, Traité de l'organisation, de la compétence en matière contentieuse, 2 vol. in-8. 1842. 15 »

27. **Sirey**, Jurisprudence du conseil d'État, depuis 1806 jusqu'à la fin de septembre 1818, en 5 vol. in-4. 1818. 40 »

28. **Solon**, Répertoire administratif et judiciaire, ou Règles générales sur les juridictions et les compétences, 4 vol. in-8. 1845. 30 »

## 3. Voirie. — Bâtiments. — Expropriation. — Servitudes.

1. **Daubenton**, Code de la voirie des villes, bourgs et villages, 4 vol. in-8. 1836. 6 50

2. **Davenne**, Lois et règlements sur la voirie, 2 vol. in-8. 1837. 10 »

3. **Debray**, Manuel de l'expropriation pour cause d'utilité publique, 1 vol. in-8. 1847. 4 »
4. **Delalleau**, Traité de l'expropriation pour cause d'utilité publique. 1 vol. in-8. 1836. 8 50
5. — Traité des servitudes légales, 1 vol. in-8. 1833. 8 50
6. **Desgodets**, Lois des bâtiments, 2 vol. in-8. 1838. 12 »
7. **Frémy Ligneville**, Code des architectes et des entrepreneurs, 1 vol. in-8. 1837. 7 »
8. **Husson**, Législation des travaux publics et de la voirie, 2 volumes in-8. 1841. 15 »
9. **Lepage**, Lois des bâtiments, nouv. Desgodets, 2 vol. in-8. 1847. 8 »
10. **Locré (le baron)**, Législation sur les mines et sur les expropriations pour cause d'utilité publique, 1 vol. in-8. 1828. 7 »
11. **Perrin**, Code du propriétaire de constructions, des architectes, entrepreneurs maîtres, etc., 1 vol. in-8. 1846. 9 »
12. **Proudhon**, Traité des droits d'usage, servitudes, etc., 2 vol. in-8. 1848. 16 »
13. — Traité des droits d'usufruit (Voyez X, § D, 2).
14. **Tarbé de Vauxclairs**, Dictionnaire des travaux publics civils, militaires et maritimes, considérés dans leurs rapports avec la législation, l'administration et la jurisprudence, in-4. 1838. » »
15. **Toussaint**, Code de la propriété, ou Traité complet des bâtiments, des forêts, des chemins, des plantations, des mines et carrières, et des eaux ; législation, 2 très forts vol. in-8. 1833. 15 »

## 4. Ponts et chaussées. — Routes. — Chemins vicinaux. — Chemins de fer.
## 5. Mines.

(VOYEZ XII, ANNALES DES MINES, DES PONTS ET CHAUSSÉES ; ANNALES MARITIMES ET COLONIALES, ETC. — VOYEZ AUSSI CHEMINS DE FER, VIII, § D, 2).

1. **Cerclet**, Recueil complet des lois, etc. (Voyez XIII, § D, 2).
2. **Curasson**, Traité du bornage, droits de voisinage, etc.,in-8. 1842. 7 50
3. **Delebecque**, Traité sur la législation des mines, minières et carrières en France et en Belgique, 2 vol. in-8. 1836-1838. 16 »
4. **Demilly**, Administration des chem. vicinaux, 1 vol. in-8. 1839. 4 »
5 **Dumay**, Commentaire de la loi du 21 mai 1836 sur les chemins vicinaux, comprenant un traité général de l'alignement, 2 vol. in-8. 1844. 14 »
6. **Flachat-Mony et Bonnet**, Manuel et Code d'entretien et de construction, d'administration et police des routes et chemins vicinaux, 1 vol. in-12. 1836. » »
7. **Garnier**, Traité des chemins vicinaux avec un supplément d'après la loi du 21 mai 1836, en 2 vol. in-8. 1834-1836. 11 50
8. **Mathieu de Dombasles**, Les chemins vicinaux en France, 1 volume in-8. 1833. » »
9. **Peyret-Lallier**, Traité sous la forme de commentaire sur la législation

des mines, minières, carrières, tourbières, usines, sociétés d'exploitation et chemins de transport, 2 vol. in-8. 1842.　　15 »

10. **Ravinet**, Code des ponts et chaussées et des mines, ou Recueil des lois, arrêtés, décrets, ordonn., etc., 8 forts vol. in-8. 1829.　　» »

11. **Reden**, Législation des chemins de fer (Voyez VIII, § D, 2).

12. **Richard (A.)**, Législation française sur les mines, minières, carrières, tourbières, etc., 2 vol. in-8. 1838.　　15 »

### 6. Rivières. — Canaux. — Desséchements.

1. **Blavier**, Jurisprudence générale des mines, 3 vol. in-8. 1825. 20 »

2. **Championnière**, Du droit des riverains à la propriété des eaux courantes, sous l'ancien régime et le nouveau, 1 vol. in-8. 1846. 9 »

3. **Daviel**, Traité de la législation et de la pratique du cours d'eau, 3ᵉ édition, 3 vol. in-8. 1845.　　22 50

4. **Garnier**, Régime ou Traité des cours d'eau de toute espèce, avec supplément, 4 vol. in-8. 1839.　　24 »

5. **Grangez**, Traité de la perception, etc. (Voyez III, § D, 3).

6. **Locré**, Législation sur les mines, etc. (Voyez X, § D, 3).

7. **Nadault de Buffon**, Des canaux d'arrosage, etc. (Voyez III, § F).

8. **Polonceau**, Des eaux relativement à l'agriculture (Voyez III, § F).

9. **Poterlet**, Code des desséchements, 1 vol. in-8. 1827.　　» »

10. **Violet**, Code pratique sur l'établissement des usines hydrauliques, 1 vol. in-8. 1842.　　6 50

### 7. Manufactures. — Usines, etc.

#### (VOYEZ X, § D, 6).

1. **Clérault**, Etablissements dangereux, insalubres ou incommodes, 1 vol. in-8. 1845.　　7 »

2. **Franque**, Code des prud'hommes, 1 vol. in-12. 1838.　　1 50

3. **Macarel**, Manuel des ateliers dangereux, insalubres et incommodes, 1 vol. in-18. 1828.　　3 50

4. **Nadault de Buffon**, Des usines et des cours d'eau, 2 vol. in-8. 1841.　　15 »

5. Ordonnances sur les appareils à vapeur (Voy. Jullien, III, § B).

6. Rapport du jury central sur les produits de l'industrie nationale (Voyez XI, § A).

7. **Taillandier**, Traité de la législation des manufactures, 1 vol. in-8. 1827.　　4 »

8. **Trebuchet**, Code administratif des établissements insalubres ou incommodes, 1 vol. in-8. 1832.　　» »

9. **Tremtsuk**, Recueil de décrets, ordonnances, etc., réglementaires sur les machines à feu fixes ou locomotives à haute et basse pression, et sur les bateaux à vapeur, etc. 1 vol. in-8. 1842.　　7 50

**8. Arbitrages. — Assurances. — Brevets d'invention. — Contrefaçons. — Sociétés commerciales.**

1. **Armengaud jeune (Ch.)**, Guide de l'inventeur dans les principaux Etats de l'Europe, ou Précis des lois et règlements en vigueur sur les brevets d'invention et de perfectionnement en France, Belgique, Hollande, Angleterre, etc., in-8. 1844.                2 50
2. **Blanc-Saint-Bonnet**, Code des brevets d'invention et d'importation. 1 vol. in-8. 1845.                7 50
3. **Blanc**, Traité de la contrefaçon concernant les inventions, 1 vol. in-8. 1838.                7 50
4. **Boucher**, Manuel des arbitres en matière commerciale et civile. » ½ »
5. **Gastambide**, Traité des contrefaçons, 1 vol. in-8. 1837.        6 »
6. **Jobard**, Création de la propriété intellectuelle, etc., in-8. 1843. » »
7. — De la propriété de la pensée et de la contrefaçon, in-8. 1837. ½ »
8. — Des marques de fabrique, etc., in-8. 1845.                » »
9. **Lafond**, Guide de l'assureur et de l'assuré maritime, 1 vol. in-8. 18 .                8 50
10. **Lemonnier**, Commentaires sur les polices d'assurances maritimes, 2 vol. in-8. 1843.                15 50
11. **Malepeyre**, Traité des actes privés et modèles, in-8. 1836.    2 »
12. **Mongalvy**, Traité de l'arbitrage en matière civile et commerciale, 2 vol. in-8. 1828.                12 »
13. **Nouguier**, Des tribunaux de commerce, des commerçants et des actes de commerce, 3 vol. in-8. 1845.                22 50
14. **Perpigna**, Manuel des inventeurs brevetés, 1 vol. in-8. 1841.    4 »
15. **Persil**, Des sociétés commerciales, 1 vol. in-8. 1833.        5 »
16. — Traité des assurances terrestres, 1 vol. in-8.                6 »
17. **Regnault**, De la législation et de la jurisprudence concernant les brevets d'invention, de perfection. et d'imp., in-8. 1825.    » »
18. **Renouard**, Traité des brevets d'invention et de perfectionnement, 1 vol. in-8. 1844.                8 »
19. — Traité des faillites et des banqueroutes, 2e édition, 2 vol. in-8. 1844.                15 »
20. — Traité du droit des auteurs, 2 vol. in-8. 1838.            15 »
21. **Truffaut**, Guide pratique des inventeurs et des brevetés, 1 vol. in-8. 1844.                3 50

# XI. TECHNOLOGIE.

## § A. TRAITÉS GÉNÉRAUX.

1. **Babbage**, Économie des machines (Voyez X, § B, 2).
2. Bulletin de la Société d'Encouragement (Voyez XII, § C).
3. Bulletin de la Société industrielle de Mulhouse (Voyez XII, § C).
4. Description des brevets (Voyez XII, § A).

5. Dictionnaire des Arts et Manufactures, description des procédés de l'industrie française et étrangère, comprenant la physique industrielle, la chimie appliquée, minérale et végétale, les produits chimiques, la mécanique, les outils, la construction des machines, les industries mécaniques, la filature et le tissage, les arts d'imitation et les arts de construction, par une société d'ingénieurs, sous la direction de M. Ch. Laboulaye, ancien élève de l'Ecole polytechnique, etc., 2 très forts vol. grand in-8, renfermant la matière de plus de 20 vol. in-8 ordinaires. 1844-47.                                    60  »

6. **Dupin (le baron Charles)**, Rapport du jury central de l'Exposition de l'industrie française en 1834. 3 vol. in-8.                 »    »

7. **Francœur**, Éléments de technologie, 2e édition, 1 vol. in-8. 1842. 7   »

8. **Heron de Villefosse**, Rapport fait au jury central de l'Exposition en 1823 et en 1827, 1 vol. in-8 chacun.                        »    »

9. **Jobard**, Bulletin du Musée de l'industrie belge (Voyez XII, § C).

10. — Exposition de l'indust. belge en 1847, 2 vol. in-8. 1847-48.   8   »

11. — Rapport sur l'Exposition de l'industrie française en 1839, 2 vol. in-8. 1841.                                                    16  »

12. Rapport du jury central de l'Exposition des produits de l'industrie française en 1849, 1 vol. in-8.                              »    »

13. — Le même pour 1839, 3 vol. in-8. 1839.                        »    »

14. — Le même pour 1844, 3 vol. in-8.                             »    »

15. **Ure**, Philosophie des manufactures (Voyez X, § B, 2).

## § B. ARTS CHIMIQUES.
### (DICTIONNAIRE DES ARTS ET MANUFACTURES).

1. **Baretta**, Manuel complet théorique et pratique du chocolatier, limonadier, distillateur-liquoriste, confiseur, pâtissier suisse, etc., 1 fort vol. in-8. 1841.                                          6   »

2. **Bastenaire d'Audenart**, l'Art de la vitrification, suivi d'un Traité de la dorure sur cristal et sur verre, in-8, avec pl. 1825.   7 50
(Voyez, pour les autres ouvrages de M. Bastenaire, XI, § D).

3. **Bergues**, Art du teinturier, suivi de l'Art du teinturier-dégraisseur, 1 vol. in-12. 1828.                                           »    »

4. **Brongniart**, Traité des arts céramiques, considérés dans leur histoire, leur pratique et leur théorie, 2 vol. in-8 et atlas in-4. 1844. 36   »

5. **Chandelet**, Art du raffineur, 1 vol. in-12, avec planches. 1828. 3   »

6. **Chaumé**, Moyens simples de retirer de la canne et de la betterave tout le sucre qu'elles contiennent, brochure in-8. 1843.    2   »

7. **Chaumé et Delabarre**, Améliorations chimiques et mécaniques apportées dans la fabrication et le raffinage du sucre de canne et de betterave, brochure in-8. 1846.                                 2   »

8. **Clerget**, Analyse des sucres et substances saccharifères, brochure in-8. 1847.                                                    2   »

9. **Combes**, De l'Éclairage au gaz étudié au point de vue économique, etc., 1 vol. in-24. 1845.                                      2   »

10. **Decroos**, Traité sur les savons solides, ou Manuel du savonnier et du parfumeur, 1 vol. in-8, avec planches. 1829.              8   »

11. **Degrand**, Fabrication et raffinage du sucre, broch. in-8. 1845.    » 75
12. **Frésénius et Will**, Nouvelle Méthode pour reconnaître et pour déterminer le titre et la valeur de la potasse, in-12. 1845.    2 50
13. **Gay-Lussac**, Traité d'alcalimétrie, nouvelle édition. 1848.    »   »
14. **Hofmann**, Mémoire pour servir à la culture régulière, la récolte, la conservation de la citrouille et à la préparation du sucre cristallisé qu'elle contient, in-8, avec planches. 1838.    » 75
15. **Hotessier**, Notice sur les améliorations à introduire dans la fabrication du sucre exotique, in-8. 1841.    1 50
16. **Lapointe**, Instruction sur la règle à calcul (Voyez III, § G).
17. **Leuchs**, Traité complet des propriétés, etc. (Voyez V, § C).
18. **Mallet**, Notice sur l'épuration du gaz d'éclairage, brochure in-8. 1845.    » 90
19. **Muller**, Éléments de cristallographie (Voyez § VI, C).
20. **Pelouze**, Art du charbonnier, comprenant la fabrication du vinaigre de bois (Voyez XI, § E).
21. **Fiette**, Essais sur la fabrication en grand du papier de paille et de divers autres substances, etc., 1 vol. in-8. Sous presse.    »   »
22. — Traité de la fabrication du papier, contenant les procédés généralement en usage pour préparer ce produit, avec des notes et des planches, 4 vol. in-8. 1834.    »   »
23. **Quemiset**, Art d'apprêter et de teindre les peaux, 1 vol. in-12.    »   »
24. **Sainte-Croix** (marquis de), De la fabrication du sucre aux colonies françaises, et des améliorations à y apporter, in-8. 1844.    2 50
25. **Stollé** (**Édouard**), Industrie sucrière et ses progrès en 1838, brochure in-8. 1838.    2   »
26. **Tripier Deveaux**, Traité théorique et pratique de l'art de faire les vernis, 1 vol. in-12. 1845.    3 50
27. **Verguin**, Éléments de chimie générale, 1 vol. in-12. 1845.    3 50
28. **Violette** (**H.**), Notions élémentaires de chimie à l'usage des écoles, 1 vol. in-12. 1838.    1 50
29. — Nouvelles manipulations chimiques, etc. (Voyez V, § A).

## § C. ARTS PHYSIQUES. — MÉCANIQUES.

### (DICTIONNAIRE DES ARTS ET MANUFACTURES).

1. **Albrest**, Art de l'Ébéniste, 1 vol. in-12, avec planches. 1828.    3   »
2. **Anslot**, Instruction pour construire les modèles en bois à l'usage des fondeurs, brochure in-12. 1844.    1 50
3. **Arcet** (**d'**), Collection de mémoires (Voyez IV, § B).
4. **Armengaud jeune** (**Ch.**), L'Ouvrier mécanicien, guide de mécanique pratique, 1 vol. in-12, avec planches. 1843.    4   »
5. **Armengaud**, Publication industrielle (Voyez XII, § C).
6. **Bataille et Jullien**, Traité des machines à vapeur (Voyez III, § B).
7. **Cabrol**, Notice sur l'application de l'appareil à gaz carboné à l'un des hauts-fourneaux des usines de la Compagnie de l'Aveyron, brochure in-8. 1837.    » 75
8. **Camus**, L'Art de tremper les fers et les aciers, in-8. 1846.    6   »

9. **Coignet,** Notice sur une machine à élever les fardeaux (Voy. III, § C).
10. Collection de 112 planches représentant les machines, instruments, etc. (Voyez III, § C).
11. **Davaine,** Mémoire sur un nouveau mode de construction de la vis d'Archimède, 1 vol. in-8, avec planches. 1846.                4 50
12. **Désormeaux (Paulin),** Journal des ateliers de tourneur, de mécanicien, de serrurier, etc., 1 vol. in-8. 1830.                8 »
13. — Art du menuisier en bâtiments et en meubles, 2 vol. petit in-4, dont 1 de planches. 1829.                12 »
14. — Art du tourneur, 2 vol. in-12, avec atlas in-4.                16 »
15. **Évans,** Guide du meunier et du constructeur de moulins, traduit par P.-M. Benoît. Nouvelle édition, entièrement refondue. 1 fort vol. in-8, avec atlas. 1850.                » »
16. **Flachat (E.),** Compte-rendu des travaux du Comité de l'Union des constructeurs du 1er août 1844 au 1er août 1843, 1 volume in-8. 1843.                3 50
17. **Flachat, Barrault et Petiet,** Traité de la fabrication du fer (Voyez VI, § D, 2).
18. **Flachat, Mony,** Traité élémentaire de mécanique industrielle (Voyez III, § C).
19. **Flachat et Petiet,** Tableaux sur l'avance du tiroir, etc. (Voy. III, § B).
20. **Fournel,** L'Art du fumiste, etc., 1 vol. in-4. 1845.                10 »
21. **Goodwin,** Guide du vétérinaire et du maréchal-ferrant, traduit par Berger, 1 vol. in-12, avec planches. 1827.                3 50
22. **Guettier,** De la fonderie telle qu'elle existe aujourd'hui en France et de ses nombreuses applications à l'industrie, 2e édition, modifiée et augmentée, 1 vol. in-4. 1847.                15 »
23. **Haindl,** De la construction des engrenages et de la meilleure forme à donner à leur denture, 1 vol. in-12. 1840.                4 50
24. **Humeau,** Description de l'outillage d'un atelier d'ajustage avec dessins, croquis en vues obliques, 2 cahiers in-folio, lithographiés, dont un atlas en feuilles entières carré. 1844.                8 »
25. **Jullien,** Code de l'acheteur et du vendeur d'appareils à vapeur, etc., 1 vol. in-12. 1846.                3 »
26. **Leblanc,** Le Mécanicien-Constructeur, ou Atlas et description des organes des mach., 1re partie, in-4, avec atlas in-folio. 1845.                7 »
27. Machine (la) locomotive consid. dans ses rapports avec les mach. fixes, descrip. succincte à l'us. des gens du monde, br. in-8. 1843.                » 25
28. Métallurgie pratique, ou Exposition détaillée des divers procédés employés pour obtenir les métaux utiles, précédée de l'Essai et de la préparation des minerais, par D. F., 1 vol. in-12. 1827.                3 50
29. **Mignard Bellinge,** Manuel de tréfilerie de fil de fer, avec 2 planches, 1 vol. in-18. 1837.                3 50
30. **Pelouze,** L'Art du maître de forges, ou Traité théorique et pratique de l'exploitation du fer, 2 vol. in-12, avec atlas. 1828.                9 »
31. **Pimont,** Caloridores et calorifuges, ou Nouveaux systèmes d'économie sur le combustible, brochure in-8. 1846.                3 »
32. **Plaisant (T.),** Instruction sur la machine à diviser et à tailler, etc., 1 vol. in-12, avec planche. 1842.                2 25

33. — Instruction sur la machine à aléser, 1 vol. in-12. 1841.    1 25
34. — Instruction sur la machine à fileter, 1 vol. in-12. 1843.    2 25
35. **Plaisant**, Théorie pratique sur les tiroirs à vapeur, in-8. 1843.   5 »
36. **Richard**, Études sur l'art d'extraire le fer (Voyez VI, § C).
37. **Rollet**, Mémoires sur la meunerie, la boulangerie et la conservation des grains et des farines, 1 vol. in-4 avec atlas in-folio. 1846. 90 »
38. **Stuart**, Histoire descriptive de la machine à vapeur (Voyez III, § B).
39. **Taffe**, Application de la mécanique aux machines, etc. (Voy. III, § C).
40. **Valerius**, Traité théorique et pratique de la fabrication du fer (Voyez VI, § D, 2).
41. **Walter**, Métallurgie pratique du fer (Voyez VI, § D, 2).

## § D. MATIÈRES TEXTILES

### (DICTIONNAIRE DES ARTS ET MANUFACTURES).

1. **Alcan**, Essai sur l'industrie des matières textiles, comprenant le travail complet du coton, du lin, du chanvre, des laines, du cachemire, de la soie et du caoutchouc, in-8, atlas in-4. 1847.   32 »
    *Ouvrage publié sous les auspices de la Société d'encouragement.*
2. **Bedel et Bourcart**, Traité élémentaire du parage et du tissage du coton, etc., 1 vol in-8. 1846.   7 »
3. **Choimet**, Eléments théoriques et pratiques de la filature du lin et du chanvre, 1 vol. in-8, avec table. 1841.   10 »
4. **Coquelin**, Essai de la filature mécanique du lin et du chanvre 1 vol. in-8. 1840.   6
5. **Decoster**, Traité complet de filature (Voyez III, § C).
6. **Falcot**, Traité encyclopédique et méthodique de la fabrication des tissus, 2 vol. in-4, avec 200 planches. 1845-46.   100 »
7. **Gonfreville**, Art de la teinture des laines (Voyez IX, § D).
8. **Maiseau**, Histoire descriptive de la filature et du tissage de coton, 1 vol. in-8, avec atlas. 1827.   15 »
9. **Leblanc et Malard (jeune)**, Nouveau système complet de filature du coton, 1 vol. in-4, avec atlas grand in-folio. 1828.   50 »
10. **Oger**, Traité élémentaire de la filature du coton, 1 vol. in-8, atlas in-folio. 1839.   16 »
11. **Ure (Andrew)**, Philosophie des manuf. (Voyez X, § B, 2).

## § E. ARTS ET MÉTIERS.

### (DICTIONNAIRE DES ARTS ET MANUFACTURES).

1. **Bastenaire d'Audenart**, Art de fabriquer la faïence blanche recouverte d'un émail transparent, etc., 1 vol. in-8. 1830.   8 »
2. — Art de fabriquer la faïence recouverte d'un émail opaque blanc et coloré, 1 vol. in-12. 1828.   3 50
3. — Art de fabriquer la porcelaine, suivi d'un traité de peinture et de dorure sur porcelaine, 2 vol. in-12, avec planches. 1827.   8 »

4. — Art de fabriquer les poteries communes usuelles, les poêles, les grès fins et grossiers, etc. 1 vol. in-8. 1835.                                    8 »
5. **Berthaux**, Le parfait serrurier, 1 vol. in-8, planches. 1834.        9 »
6. **Brongniart**, Arts céramiques (Voyez XI, § B).
7. **Coulon**, Nouveau vignole du menuisier, 2ᵉ éd., 2 in-4. 1844. 20 »
8. **Dessables**, L'art de fabriquer les cuirs, 2 vol. in-12. 8830.    » »
9. **Huguenet**, Les asphaltes, considérations sur la formation des asphaltes et de leur emploi, etc., 2ᵉ éd., 1 vol. in-8. 1848.               » »
10. **Lebrun**, Méthode pour l'emploi du béton (Voyez VIII, § A, 4).
11. **Pelouze**, Art du briquetier, du chaufournier et du charbonnier, 1 vol. in-12. 1828.                                                          3 50
12. — Art du maître de forges (Voyez XI, § C).
13. **Raucourt de Charleville**, Traité sur l'art de faire de bons mortiers, etc. (Voyez VIII, § A, 4).
14. **Salleron**, Art de fabriquer et d'améliorer les peaux de toute espèce, 2 vol. in-8. 1830.                                                       » »

# XII. POLYGRAPHIE.

## § A. ENCYCLOPÉDIES.

1. Annales agricoles de Roville, ou Mélanges d'agriculture, d'économie rurale et de législation agricole, par M. Mathieu de Dombasles, 9 vol. in-8, figures. 1824 à 1832.                                         60 50
2. Annales maritimes et coloniales, contenant tout ce qui paraît de plus utile et de plus intéressant sur la marine et les colonies, 1 cahier par mois depuis 1846 jusqu'à la fin de 1847. Prix de chaque année.                                                                    30 »
3. Archives des découvertes et des inventions nouvelles, tant en France qu'à l'étranger, de 1808 à 1839, 31 vol. in-8.                      100 »
4. Bon Jardinier, principes généraux de culture, etc., 1 très gros volume in-12, *l'année courante*.                                                7 »
5. **Corréard**, Journal du génie civil, des sciences et des arts, à l'usage des ingénieurs, constructeurs de vaisseaux, etc. Commencé en septembre 1828, ce journal a été publié jusqu'au mois d'avril 1834 inclus, et repris le 1ᵉʳ janvier 1846 jusqu'en mars 1847. Chaque année est composée de 4 vol. in-8, ou de 12 cahiers de 10 à 12 feuilles d'impression avec planches. 15 vol. in-8.                             155 »
6. Description des machines et procédés, consignés dans les brevets d'invention, de perfectionnement et d'importation dont la durée est expirée, publiée par les ordres de M. le ministre du commerce. 68 vol. in-4, 1842 à 1849.                                                       975 »
7. Catalogue des brevets d'invention, d'importation et de perfectionnement, du 1ᵉʳ janvier 1828 au 31 décembre 1842, 1 vol. in-8. 5 »
8. Catalogue pour chacune des années suivantes, 1 vol.              1 50
9. — Catalogue des spécifications et tous les principes, moyens et procédés pour lesquels il a été pris des brevets d'invention, de perfectionnement et d'importation, depuis le 1ᵉʳ juillet 1791 jusqu'au 31 décembre 1839, 1 vol. in-8 et 16 suppléments.                       38 50

10. Dictionnaire de l'industrie manufacturière, commerciale, agricole, etc. 10 forts vol. in-8, de 1830 à 1842.

11. Dictionnaire des arts et manufactures (Voyez XI, § A).

12. Dictionnaire technologique, ou nouveau dictionnaire universel des arts et métiers et de l'économie industrielle, par une société de savants et d'artistes, 22 vol. in-8 et 2 atlas in-4, de 1822 à 1835.   330 »

13. **Dubrunfaut**, L'Agriculteur manufacturier, journal des sciences mécanique, physique et chimique, appliquées à l'agriculture et aux arts qui s'y rattachent immédiatement, etc., 20 cahiers, 4 vol. in-8, de 1830 à 1832.   » »

14. Encyclopédie moderne, Dictionnaire abrégé des sciences, des lettres et des arts, 25 vol. in-8 et 3 vol. de planches. 1845-48.   100 »

15. Industriel (l'), journal principalement destiné à répandre les connaissances utiles à l'industrie générale, ainsi que les découvertes et les perfectionnements dont elle est l'objet, 9 volumes in-8. 1826 à 1830.   » »

16. Instruction pour le peuple, cent traités sur les connaissances les plus indispensables, 100 livraisons d'une feuille grand in-8.   25 »

17. Journal des mines, depuis son origine jusques et compris 1815, 40 vol. in-8, dont 2 vol. de tables analytiques (Voyez XII, § C, Annales des mines, qui sont la continuation de ce journal).   260 »

18. Journal de l'industriel et du capitaliste, destiné à traiter sous le rapport technique, économique et financier des entreprises de travaux publics et des grandes industries, par MM. Perdonnet, L. Flachat et J. Burat, 10 vol. in-8, avec planches, de 1836 à 1840.   » »

19. **Le Blanc**, Recueil de machines, instruments et appareils qui servent à l'économie rurale et industrielle (Voyez III, § D).

20. Mémorial de l'officier du génie, publié par le comité du génie, 14 vol. in-8. 1803 à 1840.   » »

21. Mémorial de l'artillerie, publié par le comité d'artillerie, 5 volumes in-8, avec atlas in-4. 1824 à 1848.   » »

22. Mémorial topographique et militaire, rédigé au dépôt de la guerre, 2e édition, 8 vol. in-4.   » »

23. Million (un) de faits, aide-mémoire des sciences, des arts, etc. 1 fort volume in-12. 1846.   12 »

24. **Mordant de Launay**, Herbier général de l'amateur, continué par Loiseleur Deslonchamps, avec figures d'après nature par Bessa ; 1re série, 8 vol. in-4 et 576 planches coloriées.   240 »

25. 2e série, 193 livraisons in-4, planches coloriées.   237 75

26. **Mougel et Mouchelet**, Mécanique des travaux publics (Voy. III, § C).

27. Papiers trimestriels à l'usage des ingénieurs, EN ANGLAIS, 4 volumes in-4. 1840.   160 »

28. **Pouillet et Le Blanc**, Portefeuille industriel du Conservatoire des Arts et Métiers, 1 vol. in 8, et atlas petit in-folio. 1834.   » »

29. Répertoire de chimie scientifique et industrielle (Voyez V, § A).

30. Tableaux polytechniques sur toutes les connaissances humaines, 20 feuilles raisin.   20 »

31. Transactions de la société des ingénieurs civils, EN ANGLAIS, 3 vol. in-4, avec planches. 1836 à 1844.   120 »

32. **Ure**, Dictionnaire des arts et manufactures, EN ANGLAIS, 1 très fort vol. in-8 (Voyez l'imitation de cet ouvrage par M. Laboulaye, XI, § A).                  65 »

33. **Viollet**, Journal des usines et des brevets d'invention, 12 vol. in-8, avec planches. De juillet 1841 à juin 1847.                  108 »

## § B. JOURNAUX. — RECUEILS PÉRIODIQUES DE SCIENCE PURE.

1. Annales de chimie et de physique, par MM. Gay-Lussac et Arago, 2ᵉ série, 25 années, 75 vol. in-8. De 1816 à 1840.          300 »
   — 3ᵉ série, commencée en 1841, 3 vol. avec planches chaque année. Prix de chaque année et de l'abonnement.          30 »

2. Annales des sciences naturelles, publiées par MM. Audouin, Ad. Brongniart et Dumas, de 1824 à 1833, 30 vol. in-8 avec planches. 160 »
   — Les mêmes, 2ᵉ série, de 1834 à 1843. 40 vol. grand in-8, avec planches.          380 »
   — 3ᵉ série, du 1ᵉʳ janvier 1844. Prix pour chaque année.          38 »

3. Bulletin de la Société de géographie, 1ʳᵉ série, 20 vol. in-8, de 1821 à 1833 ; — 2ᵉ série, 20 vol. in-8, de 1834 à 1843 ; —3ᵉ série, depuis 1844, 2 vol. in-8 chaque année. Prix, pour Paris.          12 »

4. Bulletin de la Société géologique de France, depuis 1831, chaque année publiée en plusieurs livraisons, avec planches.          30 »

5. Comptes-rendus hebdomadaires des séances de l'Académie des sciences, publiés depuis juillet 1835 par cahiers hebdomadaires, in-4. Prix de chaque année :          20 »

6. Exercices d'analyse et de mathém., par Aug. Cauchy. 3 v. in-4. 54 »
   L'abonnement pour 12 cahiers.          18 »

7. Journal de l'École polytechnique, paraissant par cahiers ou volumes à des époques indéterminées et à différents prix, 32 cahiers in-4. 31 volumes sont en vente. 1793-1847.          266 50

8. Journal de mathématiques pures et appliquées, publié à Berlin, EN ALLEMAND, par M. Crelle, paraissant chaque année en 1 vol. 34 vol. in-4 sont en vente. Prix de chaque volume.          25 »

9. Journal de mathématiques pures et appliquées, par J. Liouville, commencé en 1836, paraît par cahier mensuel, in-4. Prix par année.          30 »

10. Journal des Savants, 20 vol. in-4. De 1816 à 1836.          400 »
    7 volumes de 1837 à 1843.          168 »
    De 1844 à ce jour. Prix de chaque année.          30 »

11. Nouvelles annales de mathématiques, journal des candidats aux écoles polytechnique et normale, par M. Terquem et par M. Gerono, paraissant depuis 1842 à raison de 1 vol. par année. Prix de chaque année et de l'abonnement annuel.          12 »

## § C. JOURNAUX. — RECUEILS DE SCIENCE APPLIQUÉE ET D'INDUSTRIE.

1. Annales de l'agriculture française, 1<sup>re</sup> série, 70 volumes in-8. An IV à 1847.     150 »

   2<sup>e</sup> série, 44 vol. in-8, de 1818 à 1828.     100 »

   3<sup>e</sup> série, 24 vol. in-8, de 1829 à 1839.     72 »

   4<sup>e</sup> série, contenant le bulletin des séances de la Société royale d'agriculture, 16 vol. in-18. 840 à 1849. Prix de chaque année. 15 »

2. Annales de la Société royale d'horticulture de Paris, etc., 1 volume par année, 21 vol. in-8. 1847 à 1847.     305 »

   Prix de l'abonnement.     15 »

3. Annales de l'institution royale agronomique de Grignon, contenant des mémoires sur divers points de l'agriculture, 11 livraisons in-8, avec figures. 1828 à 1843.     30 »

4. Annales des mines, ou Recueil de mémoires sur l'exploitation des mines et sur les sciences qui s'y rapportent, 2<sup>e</sup> série, de 1816 à 1831, 22 vol. in-8, y compris 2 tables ; 3<sup>e</sup> série, de 1832 à 1841, 20 vol. in-8 ; 4<sup>e</sup> série, de 1842 à 1849, à raison de 2 vol. par année. (Voyez Journal des mines qui forme la 1<sup>re</sup> série).

   Prix de chaque année.     20 »

5. Annales des ponts et chaussées, mémoires et documents relatifs à l'art des constructions et au service de l'ingénieur, lois, ordonnances et autres actes concernant l'administration des ponts et chaussées, collection commencée depuis 1831 jusqu'en 1840, 1<sup>re</sup> série, 30 vol. 2<sup>e</sup> série, 3 vol. par année. Prix de chaque année.     20 »

6. **Armengaud**, Publication industrielle des machines, outils et appareils, paraît depuis 1841 par année de 10 livraisons chacune.

   Prix de chaque année.     30 »

   Six années sont terminées. Abonnement à la 7<sup>e</sup> année.     30 »

7. Bulletin de la Société d'encouragement pour l'industrie nationale, publié avec l'approbation de M. le ministre du commerce, par cahier in-4, mensuel. 48 vol. in-4, de l'an XI à 1847.     600 »

   La souscription par année, et pour les deux précédentes.     36 »

   On vend séparément toutes les années antérieures : depuis 1802 à 1824, à raison de 9 fr. l'année ou le volume ; de 12 fr., de 1825 à 1829, et de 20 fr. pour 1830 et années suivantes antérieures à l'année courante.

8. Bulletin de la Société industrielle de Mulhouse, paraissant par cahier in-8 de 5 à 8 feuilles, avec des planches explicatives, 20 vol. in-8, avec beaucoup de planches. Prix d'abonnement par vol. composé de 5 cahiers, pris à Paris.     12 »

9. Bulletin du musée de l'industrie belge, paraît depuis 1842, en 4 vol. ou livraisons grand in-8. Chaque année.     20 »

10. **Daly (César)**, architecte, Revue générale de l'architecture et des travaux publics, journal des architectes, des ingénieurs, des archéologues, des industriels et des propriétaires.

    Paraît tous les mois en un cahier composé de 3 à 4 feuilles, avec pl. 7 années sont publiées. Prix de chaque année pour Paris. 40 »

11. Horticulteur (l') universel, 1re série, 6 années, de 1830.à1835. 150   »
        2e série, tome 1er. 24   »
12. Journal de l'agriculture pratique et du jardinage, 1 fort volume in-4 chaque année. Prix de l'abonnement. 12   »
13. Journal des architectes et des ingénieurs civils, EN ANGLAIS, paraissant depuis 1840, 1 vol. par année. Prix de chaque année. 24   »
14. Journal des chemins de fer, navigation à vapeur, arts mécaniques, paraissant tous les samedis, depuis l'année 1840. Prix de chaque année de l'abonnement. 20   »
15. Journal des chemins de fer, EN ANGLAIS, 1 vol. in-4 chaque année. Prix à Paris. 42   »
16. Journal des économistes, revue mensuelle de l'économie politique, questions agricoles, manufacturières et commerciales, paraissant tous les mois, depuis 1841, 2 vol. in-8 chaque année. 30   »
17. Magasin de machines, EN ANGLAIS, paraît depuis 1826 par livraisons mensuelles, 2 vol. par an. Prix de chaque année. 24   »
18. Recueil chronologique des règlements sur les forêts, la chasse et la pêche, de 1815 à 1848, vol. in-8. »   »
19. Registre des chemins de fer, EN ANGLAIS, paraît par cahier mensuel in-8, depuis 1844, 3 vol. par an. Prix de chaque année. 24   »
20. Revue encyclopédique nouvelle, publiée par MM. Firmin Didot frères, paraît tous les mois par cahier de 10 feuilles, in-8. Prix par année. 30   »
21. Revue horticole, sous la direction de M. Decaisne, paraissant le 1er et le 15 de chaque mois, avec 24 grav. Chaque année, grav. noires. 5   »
   La même, gravures coloriées. 9   »
22. Revue scientifique et industrielle, paraît tous les mois, depuis 1840, par cahier mensuel, ou 3 vol. chaque année. Prix. 20   »

Imprimerie de GUSTAVE GRATIOT, rue de la Monnaie, 11.